Spi ; spiriteslivres.wordpress.com

Copyright © 2021 by Spi
All rights reserved, including the right to reproduce this book or portions thereof in any form whatsoever.

Copyright © 2021, Spi
Tous droits réservés. Toute reproduction même partielle du contenu, de la couverture ou des icônes, par quelque procédé que ce soit (électronique, photocopie, bandes magnétiques ou autre) est interdite sans les autorisations de Spi. Le Code de la propriété intellectuelle interdit les copies ou reproductions destinées à une utilisation collective. Toute représentation ou reproduction intégrale ou partielle faite par quelque procédé que ce soit, sans le consentement de l'Auteur ou de ses ayants cause est illicite et constitue une contrefaçon sanctionnée par les articles L335-2 et suivants du Code de la propriété intellectuelle.

ENTRE CIEL ET TERRE

Entre Ciel et Terre

La foi divine

Ce livre est la retranscription d'une communication spirite.

Chapitre 1

Un jour la foi est ce qu'il y a de plus fort. La foi se distingue de tous les sentiments. Elle porte le cœur et l'esprit et la vie. Et la vie se confond dans la vie elle-même. Pourrions-nous ainsi définir la foi ? Elle qui n'agit que quand elle le souhaite. Elle représente pourtant ce que l'être attend. Elle ne se défait pas de l'amour qu'on lui porte. Souvenez-vous du moment où elle est entrée en vous. C'était une si belle journée que le souvenir ne s'efface. Il ne suffit pas d'y penser, il faut aussi le revivre. Pourquoi a-t-elle fait autant de mystères ? Elle ne voulait pas que vous l'abandonniez. Alors que jamais le temps ne le permet. Croyez-vous un instant qu'il ne se dissipe aussi loin ? Afin de devenir une unité infinie. Ce temps est si fugace, si concret, si impalpable. Tout à la fois, il est comme ce qu'il veut. Dans vos esprits d'enfants, il est ce que vous décidez. Mais devant la foi, il est ce qu'elle veut.

Chapitre 2

Si le ciel se dégage, il est temps de partir. S'il se couvre, pourquoi donc ne pas rester ? C'est ainsi que la prière se réalise.

—

Il ne faut pas croire qu'un lendemain suit un jour donné, car le lendemain n'est rien s'il n'y a pas eu de temps pour le définir.

—

Vivre et ne pas laisser la vie se débarrasser de ce qui est important pour se gorger du superflu.

—

Amène ce qui est bon à chacun, prend ce qui est bon et qui t'es donné. Envoie au loin les espoirs et les espérances.

—

Tu n'as pas confiance dans ce que l'on fait pousser. Tu crains ce qui tombe du ciel. Peux-tu accepter ce rayon de Soleil comme on cueille un fruit ?

—

De l'eau coule ici et là. De la pluie tombe là-bas et ici. Demain, aujourd'hui, hier, le Soleil efface les traits du sol pour y mettre son énergie.

—

Vous ne croyez pas mais acceptez tout. Vous n'écoutez pas mais entendez tout. Vous ne réfléchissez pas mais raisonnez sur tout.

—

Qui a dit qu'il fallait se jeter du haut de la falaise ? Qui ne veut pas se jeter de la falaise ? Pourquoi la falaise impose-t-elle cela ? Si quelqu'un a la réponse, qu'il le dise à la falaise.

—

L'image la plus haute n'est pas le ciel. L'image la plus basse n'est pas la Terre. L'image la plus lointaine n'est pas ton espoir. L'image la plus proche n'est pas ton image.

—

À la fin des fins, il y a un début à prendre. À la fin des fins, il y a un commencement à inventer. Faut-il toujours une fin pour un début ? Faut-il ici-bas une fin pour commencer ?

—

Prendre un départ ne peut pas être un simple acte de foi. Prendre un départ est un renouvellement du corps et de l'esprit. Croyez-vous prendre un départ sans y laisser votre âme ? La liberté de savoir est celle qui est la plus noble. La liberté n'est pas comme un jour sans désir. La liberté se construit comme on construit un mur de croyances.

—

Peux-tu savoir ce qui t'attend au bout du chemin si tu ne suis pas le chemin qui te mène à Dieu ?

—

Bien que la vie soit laissée à ceux qui la vivent, les êtres qui ne la vivent pas ne sont pas oubliés pour autant.

—

Pour que la lumière éclaire l'obscurité, la divinité amène sa torche au plus profond de chacun.

—

Merci à ceux qui comprennent que la vie est plus forte. Merci à ceux qui admettent que la vie est la seule vérité.

—

La parole de ceux qui croient en Dieu n'a que peu d'importance. La foi de ceux qui croient en Dieu est plus grande.

—

Seul celui qui amène sa foi est apte à la recevoir. Alors, celui qui la reçoit devient apte à la porter.

—

Maintenir sa foi dans la lumière de Dieu est ce qui rejoint l'être humain et son chemin comme deux fils faits pour ne pas se quitter.

—

Décider de dicter sa foi à l'autre être est un désir qui n'a rien d'une valeur divine. Dieu n'impose aucune foi à l'être humain. L'être humain peut s'imposer la foi dans la divinité.

—

Chapitre 3

Le plus grand espoir est de placer ses mains sur le visage de Dieu et de comprendre que l'on touche les Cieux.

—

Jamais les Cieux ne sont aussi proches de la divinité quand l'être humain amène sa croyance dans ses yeux et regarde le monde du haut de son cœur.

—

Quand le jour rejoint les Cieux, la nuit rejoint le ciel.

—

Différents aspects de la foi savent comment expliquer l'ampleur des sentiments divins. Seul l'amour divin peut guider ces aspects.

—

Le plus grand espoir ne se pose pas mais se définit. Il appuie sur le corps et l'esprit de l'être humain, tel l'oiseau posé sur sa branche. Le poids est si léger que la volubilité de son sentiment s'envole au premier coup de vent.

—

La foi de ses sentiments est comme la rosée, elle appuie de toutes ses forces sur l'herbe du sol, à peine couchée.

—

Beaucoup de sourires ne font pas de l'amour. Beaucoup de clins d'œil ne font pas de l'attrait. Les mains se joignent pour appeler à l'aide mais la voix est muette. Que reste-t-il des sentiments quand le cœur est parti ? Si la vie est une gloire au divin, que fait le divin le reste du temps ? L'amour de Dieu est éternel, si vous en oubliez une partie, il faut aller la retrouver.

—

Même si le temps ne passe vite, que ne faut-il pas imaginer pour croire que l'esprit et le corps ne sont qu'un ? Peut-être que Dieu pourrait y répondre. Faut-il y croire ou faut-il laisser les choses se faire ? Dans le rapport que Dieu vous envoie, il est écrit noir sur blanc ce que vous devez comprendre, ce que vous devez dire, ce que vous devez voir. Avez-vous l'esprit, la parole et la vision pour cela ?

—

Chapitre 4

Que la paix est belle, que la paix est désirée. Que la paix est recherchée. Que la paix est conclue. Que la paix est factice. Que la paix redonne vie à la guerre. Que la paix n'est qu'un outil sans douceur, mais tranchant quand elle n'est pas vue par le cœur rempli de divin.

—

L'eau qui coule dans vos veines est comme ce que la pluie amène pour drainer les champs. Encouragez votre sang à en faire de même, même si celui-ci ne sait pas dans quelle direction aller. Voyez-vous la lumière de Dieu le guider ? Vous devriez, car ainsi votre corps et votre esprit seraient envahis d'un doux fluide qui purifierait chaque parcelle de votre esprit saint.

—

Voir ce que la vie résume dans un seul de ses moments est le contraire de ce que l'être humain cherche à suivre. D'un côté, la vie ne peut dicter par ses impulsions la direction que l'être humain suit dans son chemin divin. De l'autre, la vie guide l'être humain vers une lumière qu'il va bientôt découvrir divine.

—

Dans un seul souffle de vie il y a ce que Dieu respire. Dans un seul souffle de vie il y a ce que Dieu insuffle. Dans un seul souffle de vie il y a ce que prie l'être humain quand il prie la divinité.

—

D'abord, la foi se divise pour se rejoindre. Ensuite, la foi se retrouve pour se séparer. Après, la foi reprend ses droits et vous guide. Enfin, la foi obéit à la volonté divine de bonté.

—

Sur le devant de la scène des hommes, il y a des visages rompus à la difficulté. Sur l'arrière de la salle d'exposition des humeurs humaines, il y a la peur de se décevoir. Sur le devant des hommes de foi, il y a les yeux de la divinité. Au-dessus de tout cela, les Cieux contemplent avec bonté les êtres humains pleins de bonté divine.

—

Le plus grand appel est celui que l'on précède. La plus grande joie est celle que l'on offre. La foi des êtres humains est telle une joie et un appel. Une joie de rejoindre la divinité. Un appel que l'on reçoit et que l'on écoute.

—

Le travail est sans fin et la finalité du travail sans début. Quelle fonction doit prendre l'être humain pour poursuivre son chemin de Dieu ? Le chemin qui mène haut dans la montagne ? Le chemin qui emmène loin dans le désert ? Le chemin des villes ou celui des champs ? La foi de l'être humain ne se construit pas. La foi de l'être humain ne se raisonne pas. La foi de l'être humain est en lui depuis son premier souffle, jusqu'au dernier. Et bien plus encore.

—

Enfin le jour où la lumière du Soleil éclaire la vie ! Ce jour est si beau et si chaud que sa douceur touche l'esprit et le corps. Cette douce lumière est-elle comme la lumière divine ? Bien sûr que non, certains répondront. Ils auront tort. Bien sûr que oui, d'autres diront. Ils auront aussi tort. La lumière divine est un soleil qui naît en soi, qui vient des Cieux divins. La lumière divine est la bonté de Dieu incarné.

—

La seule vue de l'espoir dans l'œil de l'être humain lui suffit pour décider de marcher droit devant. Mais le chemin n'est pas toujours aussi rectiligne. Modifie-t-il son regard ? Il le faudrait. Modifie-t-il son espoir ? Il le devrait. La foi de la divinité en soi est comme un regard qui tourne en tous sens pour se poser avec les ailes d'un oiseau sur la branche divine.

—

Jusqu'au simple geste de la main au moindre clignement des cils, jusqu'au simple mouvement du pied, jusqu'à la simple inspiration, il y a le souffle de vie divin qui porte l'être humain à voir, bouger, croire.

—

Ainsi la foi entre en scène pour vous faire bouger, croire, voir. Ainsi la foi sort de vous pour gagner les autres êtres humains et vous joindre tous. La lumière de Dieu tisse des liens si étroits que la bonté divine coule de l'un à l'autre pour ne faire qu'un de vous tous. Mais que cela vous paraît difficile voire irréalisable alors qu'il s'agit d'un acte élémentaire.

—

De peu de choses à beaucoup de biens, la foi ne soulève aucune montagne hormis la montagne qui mène aux Cieux divins. Comprenez-bien que la foi n'est pas l'instrument de levier que vous attendez pour soulever votre vie. La foi n'est que l'instrument du divin pour vous amener sur son chemin.

—

Continuez sur sa force personnelle est une directive difficile à fixer aux murs de sa vie. Que pourriez-vous d'ailleurs y fixer si cela ne risquait pas de tomber ?

—

Généralement, la vision de l'être humain ne peut se fier à son instinct. Quelle erreur fait-elle en se basant ainsi ? La vision et l'intuition sont sœurs jumelles.

—

Une fois que l'œil se ferme, que voit l'autre œil ? Une fois que l'amour se ferme, que ressent l'autre cœur ? Doit-on vraiment croire dans la divinité si ses sons ne nous arrivent pas ? Est-ce parce que nous sommes sourds ? La lumière qui croît de Dieu peut-elle nous pousser au bout du chemin qui nous perd et nous ramener dans le chemin qui nous aime ?

—

Plus les murs sont hauts et moins la lumière ne se diffuse. Une lumière artificielle devient nécessaire pour éclairer une vie assombrie. Mais qu'est-ce que cette lumière artificielle ?

—

Maintenant que la guerre est votre quotidien, comment envisagez-vous ce quotidien sans la guerre ? Est-elle ce qui vous rassure ? Est-elle ce qui vous construit? Pouvez-vous entendre le son du canon comme un son qui guide les trompettes de la mort ? La guerre n'est pas ce que vous devez attendre de la vie.

—

Bien que la vie ne soit pas d'une limpidité absolue dans votre esprit, la vie peut-elle se clarifier quand la foi en Dieu se construit dans votre esprit ? Avez-vous vu la foi mener l'être humain vers la vie divine ? La vie divine a besoin de la lumière de Dieu pour guide et la bonté divine pour objet.

—

Vivre sa vie divine est le commun de l'être humain. Avoir dans son cœur la foi du Christ incarné ne suppose pas que la foi elle-même soit amenée de l'extérieur. Pourtant, la foi est intérieure et extérieure à la fois. Elle provient de cette lumière divine et elle provient du plus profond de ce que Dieu a placé en vous.

—

Même dans un cœur obstrué de tant de soucis et de problèmes, la lumière perce ses parois pour que la bonté divine se diffuse. Avoir la foi dans la grandeur divine n'est pas un précepte, c'est une douce musique d’enfant qui berce le bébé pour qu'il s'endorme en souriant de bonheur.

—

Avoir en soi son image comme une vérité à suivre porte à confusion sur le chemin à suivre. Quelle est en réalité cette image de vous que vous devez prendre pour votre identité ? Demandez votre identité à la divinité, elle seule vous la donnera.

—

Chapitre 5

Merci à l'œuvre divine de s'opérer dans l'être humain. Ceci est une règle qui devrait vous guider du matin au soir, de la nuit au jour.

—

Vous entrez dans une phase qui ne correspond pas à la clarté divine nécessaire à votre chemin. Rectifiez cela rapidement au risque de vous perdre.

—

Parcourir ses sens pour ressentir la divinité en soi. Sentir au loin que la divinité est ici et là-bas. Voir près de soi que la divinité éclaire votre chemin aujourd'hui et demain.

—

Bien que la vie s'éclaire de lumière divine, remplissez-vous assez votre corps et votre esprit de son essence ? Gardez toujours en mémoire qu'un « corps et esprit » qui n'a pas assez reçu de lumière divine en lui-même peine à avancer sur son chemin.

—

Presque aussi grande que l'espoir, la foi dans un monde meilleur ne vous anime pourtant pas suffisamment. La foi dans la divinité est un phare, une source d'eau, un puits, une lumière qui guide votre quête. Mais la foi que vous appliquez à vos semblables ne nourrit que peu de projets et si peu d'amour fraternel.

—

Comprenez-vous que la foi gorgée de lumière divine peut remplir des rôles, que l'on pourrait dire secondaires. La foi divine est en réalité la seule qui existe. Mais appliquez-la à d'autres domaines de votre vie pour que naissent des directions communes, tels que des chemins qui traversent des forêts grandes et belles.

—

La lumière divine qui coule dans vos veines, qui coule dans vos os, qui coule partout dans votre corps est une source d'eau divine où viennent boire les images divines de votre esprit.

—

La foi se nourrit de ce fluide divin. Qu'en est-il des sources de nourriture que vous imposez à votre corps ? La foi se nourrit-elle de tous ces aliments, de toutes ces images, de toutes ces vérités imposées de force ? Non, la foi n'a pas besoin de tout cela. La foi est divine et divine est sa source. Faites un grand ménage dans votre pièce encombrée de tant de choses inutiles et dangereuses.

—

Le plus beau des sentiments est celui adressé à Dieu. La plus belle des intentions est celle adressée à Dieu. La plus belle prière est celle qui chante la divinité.

—

Rester sans rien croire et espérer rien d'autre que la pierre se transforme en or est la vie d'un être humain qui a perdu la foi dans la divinité. Mais l'être humain, créature divine, peut retrouver son chemin en se remplissant à foison de lumière divine. Rien ne meurt, ni la foi, ni la lumière divine, ni la créature de Dieu.

—

Quelle belle histoire la vie vous raconte. Vers quelle drôle d'aventure votre chemin vous emmène. L'amour et la joie, le partage et la prière, la divinité au fond de soi et partout autour. Demain, le Soleil, qui est aussi divin que la divinité, resplendit de lumière divine, jettera ses rayons sur vos cœurs pour couvrir votre esprit et votre corps à la lumière de Dieu.

—

Méfiez-vous des fausses lumières.
Méfiez-vous des faux devins. Méfiez-vous des guides attentionnés. Méfiez-vous des penseurs qui pensent pour vous. Méfiez-vous de ceux qui regardent sans vos yeux. Méfiez-vous de ceux qui parlent pour vous. Méfiez-vous de ceux qui vivent des histoires fantastiques. Méfiez-vous de ceux qui vous forcent à prier. Méfiez-vous de ceux qui chantent et chantent encore l'amour et la joie. Méfiez-vous de ceux qui parlent mais n'agissent pas. Méfiez-vous de ceux qui agissent mais ne prononcent mot. Méfiez-vous de ceux qui regardent les enfants du haut de leur statue. Méfiez-vous de tous ces gens qui vous détruisent avec l'intention, le désir et l'idée.

—

Au-delà de la perception, n'y a-t-il pas une étrange sensation ? Comme un fluide qui s'écoule de haut en bas, de bas en haut, de gauche ou de droite ? Quelle est donc cette étrange sensation ? Avez-vous remarqué la sensation en vous ainsi décrite ? Cultivez-la jusqu'à en faire votre allié au quotidien.

—

À l'opposé de la raison humaine, il n'y a pas que l'intuition, l'inspiration, il y a aussi la même raison humaine. La raison des êtres humains sait dire son propre contraire quand elle se trouve dans l'impasse de sa propre logique. Affirmer par la déduction, par exemple, permet à l'opposé d'affirmer la chose contraire par la même déduction. L'être humain s'y perd alors et ne trouve plus de solution ni d'explication. En ouvrant ainsi au raisonnement humain cette logique où tout est possible car envisageable, l'être humain se fourvoie rapidement sur des chemins impraticables.

—

Grandir à l'image de ce que Dieu a proposé sur votre chemin c'est comme cueillir des fleurs sur un chemin de montagne. Des pierres qui roulent dans l'eau donnent un son qui force le respect de celui qui écoute et l'amène doucement vers une sagesse qui parle à Dieu.

—

La foi souffle dans l'arbre et c'est l'écho du cœur qui amène sa question. Faut-il que la foi se porte sur soi comme l'on porte une distinction ? Faut-il que la foi se porte sur l'autre comme on lui décerne une distinction ? La foi est la foi divine avant tout et Dieu n'a pas créé ces médailles pour elle.

—

La foi saute de chemin en chemin pour que la lumière divine se repose sur la grandeur de Dieu. L'être humain doit attraper dans ses mains la foi comme il attrape une fleur qui vole dans le vent.

—

La foi coule comme une rivière, vole comme un oiseau, rampe comme un lézard. Quelle est donc cette foi qui navigue ainsi de bateau en bateau, de voiture en voiture, de par ici et de par là ? La foi ne se déplace pas comme se déplace le camion ou le cycliste. La foi ne se déplace pas autrement que parce qu'elle est ici et là à la fois.

—

Le doigt touche la plaie et la guérit. L’œil ressent l'origine de la maladie et guide l'orientation. Tout le corps se met en mouvement et place son reflet sur l'ombre du malade. Voici comment les soins peuvent être prodigués.

—

Pour avancer sans foi, il faut de la détermination et beaucoup de faux espoirs. Pour réussir sans foi, il faut tricher, manipuler, escroquer. Pour croire sans foi, il faut se répéter et se répéter encore les mêmes erreurs dans sa tête. Prier la divinité, et sa foi divine vous guidera.

—

Dieu ne regarde pas l'être humain, il l'aime. Dieu ne guide pas l'être humain, il l'accompagne de son amour. La notion d'amour divin vous est trop étrangère. Quel dommage, pourriez-vous dire ? Non, ce n'est pas ça, l'amour divin ne demande rien en retour, ni n'attend rien de l'être humain. Il vous est destiné pour vous sans rien attendre en contrepartie. L'amour divin est ce qui soude le corps et l'esprit de l'être humain. Lorsque ces deux parties se séparent, c'est que l'être humain a perdu la foi dans la divinité, qu'il a perdu ce que la lumière divine ne cesse de lui transmettre, c'est qu'il se ferme obstinément à tout cela sans vouloir accepter la moindre parcelle de bonté divine.

—

Chapitre 6

À travers la société des êtres humains, la divinité regarde ce qui est construit permettant de les guider sur leur chemin. Ce n'est pas un jugement, c'est un regard plein de bonté pour apprécier ce qui est fait, ce qui manque et ce qui est en trop.

—

Pour obtenir la vision que Dieu attend de vous lorsque vous cheminez vers lui, vous devez prendre dans vos mains la lumière qu'Il vous donne et la verser sur les fleurs qui poussent sur le chemin, pour que leur beauté guide les autres pèlerins.

—

Qu'est-ce qui ne se passe pas pour qu'au final cela manque ? Faudrait-il tout avoir pour être certain d'avoir été ? Prends-on suffisamment lorsqu'on ne laisse plus rien derrière soi ? Que puis-je donner si j'ai déjà tout consommé ?

—

L'air qui souffle ne le fait que dans le sens qui est nécessaire. L'air qui tombe ne tombe pas par attraction. L'air qui monte ne monte pas par attraction. L'air est libre et se déplace comme bon lui semble.

—

Si le signe est là c'est que le message vient d'être envoyé. La divinité sait être ponctuelle sur le chemin de l'être humain.

—

Bien peu de respiration ne souffle le mot divin. Beaucoup de respiration pour des messages erronés. Le regard porte au loin vers un horizon absent. Devant soi, il y a le guide et le guide vous voit.

—

Merci aux êtres humains qui puisent en eux toute la force nécessaire pour se guider sur leur chemin divin.

—

Entendez-vous ce souffle qui chauffe délicatement vos oreilles ? C'est le souffle de Dieu qui vous indique pour quelle voie de lumière vous êtes faits. Le sentez-vous ? Si la vie ne vous permet pas toujours de regarder le phare qui vous guide, laissez un instant tous ces bruits qui vous divertissent et sentez la grandeur divine vous chanter sa mélodie.

—

Garder le cap vers son horizon divin est un acte de grand courage tant les chemins de traverse sont nombreux et tentants. La vie est faite de courage, d'espoir, de foi et de prières.

—

Le plus grand bonheur est-il là où vous le souhaitez ou surgit-il à l'improviste ? Le plus grand bonheur est-il prévisible ou ignorez-vous son existence ? Le plus grand bonheur n'est-il pas les deux à la fois quand il est de nature divine ?

—

Se souvenir des moments passés n'est pas aussi simple que vous le pensez. Le moment passé ne l'est que si vous l'avez inscrit dans une échelle de temps. Ce temps n'est pas de nature divine. Si ce moment n'est pas inscrit dans ce temps, il ne vous est pas accessible par la mémoire. Par contre, toute action est inscrite au présent, au passé et au futur dans le temps divin.

—

Ne pas rendre la vision au voyant ne résout pas l'avenir qui vous fait tant douter. Donner la parole au menteur vous fait perdre le chemin qui est le vôtre.

—

Chapitre 7

Que reste-t-il de ce que vous avez donné à Dieu si vous ne gardez rien ? Que devient l'amour que vous envoyez à la Vierge Marie si tout est transmis ? Que vous faut-il entendre de paroles du Christ quand vous avez tout écouté ? Voyez-vous ces lumières dans le Ciel qui guident le Ciel lui-même ? Entendez-vous le son de la pluie qui pleure le mal-être des êtres humains ? Sentez-vous autour de vous ces douleurs lancinantes qui parlent de la souffrance de l'humanité ? Savez-vous répondre à Dieu quand tout a été répondu ? Comprenez-vous la parole divine quand il n'y a plus de prières qui brûlent vos lèvres ?

—

Être ce que l'on veut pour Dieu est un début d'histoire. Quand l'enfant vient au monde, il n'est que lumière et sa lumière n'est que divine. Voit-il, comprend-il, entend-il ce qui l'entoure ? Il voit, il comprend, il entend la lumière de Dieu et perçoit, sent, entend, touche ce monde qui l'accueille. Devinez qui peut bien le guider à ce moment-là. Sa mère ? Oui, bien sûr mais pas seulement. Sa famille ? Oui, bien sûr mais pas uniquement. Dieu ? C'est une évidence. Mais qui d'autre ? La Vierge Marie elle-même. Elle le guide car elle est sa Sainte Mère. Elle est la Sainte Mère de chaque enfant qui naît sur cette Terre. C'est ainsi, et c'est formidable.

—

La foi que l'on offre à la divinité est un cadeau divin. Il couvre ce que l'être humain doit savoir apporter à Dieu. La prière lui rend alors ce rêve réalisable. Quelle belle prière n'est-elle pas lorsqu'elle est envoyée du plus profond de son cœur à Dieu.

—

Que le son rejoigne l'image. Que le toucher rejoigne l'odorat. Que la vision de Dieu rejoigne la vision quelconque. Que la mélodie céleste rejoigne le son quelconque. Que le toucher de Dieu rejoigne les mains qui se serrent. Que la vue divine rejoigne la vision quelconque. Que l'être humain se guide et soit guidé pour et par la divinité.

—

Je ne peux vous encourager que si vous souhaitez entendre mes encouragements. Je ne peux vous guider que si vous souhaitez entendre mes conseils. Je ne peux vous influencer vers votre chemin que si vous voulez suivre votre chemin. Je ne peux vous forcer à agir que si vous voulez entendre mes actions. Je ne peux vous indiquer où se trouve votre solution que si vous voulez entendre le problème. Je peux tout mais je vous en laisse le choix de l'entendre.

—

Le service rendu est le choix de ce que chacun peut comprendre. La vie est faite de choix pour rester sur son chemin divin. Quand le choix l'en détourne, il faut être fort pour modifier ses positions. Dans le choix de rester, il y a toute la couleur divine pour égayer des épreuves et les rendre belles et joyeuses.

—

Prier pour soi ne revient pas à prier pour la divinité. Prier pour la divinité revient à communiquer avec elle. Prier pour la divinité et qu'elle entende notre demande est une prière divine. Mais que valent toutes ces prières sans la foi qui vient du cœur ?

—

Dans la nuit, vient la divinité dans le rêve. Dans le rêve, viennent les paroles de Dieu. Dans la nuit, viennent les rêves du jour et les rêves divins. Dans le rêve, la divinité explique, guide, montre. Dans le rêve du jour, la divinité ne s'exprime pas. Dans la nuit, les rêves sont le sel et le sel devient la nuit. Le jour enlève tout cela pour recommencer à zéro.

—

Parce que la foi ne se construit pas, elle ne peut pas reposer sur des valeurs humaines qui ne seraient pas d'inspiration divine. L'inspiration divine est source de lumière divine et permet de bâtir des édifices qui n'ont rien à voir avec vos bâtiments sans âme ni foi.

—

Avec peu de valeur, l'être humain peut de grandes différences de comportement. Avec peu de respect, l'être humain peut faire de grands discours de fraternité. Avec peu de regard, l'être humain peut de grandes attentions. Avec peu d'envie, l'être humain peut de grands actes pour ses frères. Que faut-il alors faire pour en obtenir plus ? Les êtres humains qui sont ainsi, le sont-ils pour eux véritablement ? Les êtres humains, qui subissent ou croient dans ces êtres humains, peuvent-ils vraiment ouvrir les yeux à la réalité ?

—

La liberté de foi dans la divinité n'en est pas une et pourtant elle existe également. Quel paradoxe ! Les paradoxes ne sont rien d'autre que des limites de l'esprit des êtres humains. La réalité divine dépasse l'esprit de l'être humain et celui-ci ne peut par moments en comprendre l'étendue. La foi est libre d'accès et imposée, d'une certaine façon, en même temps. La foi semble imposée car la lumière divine qui vient sur l'être humain ne peut prolonger son action et poursuivre son chemin si l'être humain ne porte pas de foi en lui. Ne pas en porter n'a pas de sens, sauf pour des êtres humains complètement hypnotisés ou acquis à la cause des êtres des ténèbres. Et c'est encore un cas à préciser.

—

Peu suffit pour obtenir ce que l'on souhaite si l'on souhaite avec la bonté divine pour guide. Le meilleur moyen d'obtenir est de prier. Cette prière crée un espace infini qui se remplit de lumière divine.

—

Dans le geste de prière, il n'y a que la foi qui peut le rejoindre, entre le corps et l'esprit. Un trait d'union divin pour que la prière soit entendue au plus profond du cœur du croyant. L'écho créé s'envole vers la divinité.

—

Pour que chacun sente la foi qu'il peut mener dans sa vie, la divinité vous a doté d'un organe particulier : le cœur. Le cœur est le siège de la foi et la foi réside dans le cœur. Bien sûr, elle s'éclaire dans tout le corps et les yeux la témoignent, mais la foi est dans le cœur.

—

Vous ne vous familiarisez pas assez avec votre corps, siège de l'esprit, et avec votre esprit qui réside dans le corps. Les organes n'ont pas que des fonctions mécaniques, ce serait trop simpliste et presque inutile si l'on considère la fonction spirituelle de l'être humain.

—

Quand vient le temps où la divinité doit choisir pour vous, le ciel s'obscurcit et le temps change fréquemment. Il n'y a rien à craindre de particulier pourtant. C'est la Terre qui se comporte ainsi par rapport à l'action que la divinité va faire à votre égard.

—

Beaucoup de foi semble se dissiper dans votre océan de bonnes intentions. Un ruisseau qui coule de la montagne ne charrie pas des tonnes de poissons. Dans la lumière divine, il y a la couleur des yeux des êtres humains qui savent regarder le ruisseau comme la divinité et penser que peu suffit souvent pour amener sa foi à la divinité.

—

Avez-vous vu dans votre sommeil le vent qui souffle dans votre dos ? Ce vent est froid et instable, il faut vous en méfier. Dans quelques jours, il pourrait faire pousser des herbes si hautes que votre horizon en serait bouché. Dans la vie de l'être humain, les phénomènes de la Terre ne sont jamais dus au hasard.

—

Rien de spécial n'arrive quand vos yeux s'embrument de mensonge. Tout devient noir et terrible quand vos yeux pleurent de ces mensonges. Le monde devient terrifiant et terrible quand vos yeux s'assèchent de mensonge.

—

Chapitre 8

Bien que le secret de la vie des êtres humain réside dans une dimension qui ne vous est pas accessible, celui-ci peut se sentir de manière détournée. Comment ? En observant les signes qui ponctuent les actes de votre vie. En observant les signes qui vous font comprendre ce qui est grand de ce qui est inutile. En observant ce que la vie vous montre avec insistance à travers des détails qui n'en sont pas.

—

Serrer contre soi la bonté divine c'est faire pénétrer la lumière divine par la grande porte. Dans la grandeur de Dieu, il y a de la place pour le plus petit des plus petits.

—

De ce que l'être humain doit comprendre, il ne peut en saisir l'ensemble. De ce que l'être humain doit voir, l'être humain y est aveugle. De ce que l'être humain doit ressentir, l'être humain a perdu ses mains. De ce que l'être humain doit envoyer par la prière, celle-ci est parfaite et infinie si son cœur porte la foi divine.

—

Sans la foi qui mène aux Cieux, sans l'appui que la prière amène à l'être humain, la divinité pourrait-elle vraiment compter sur la volonté humaine de le rejoindre ? Les êtres humains qui ne veulent pas entendre parler de la foi suivent-ils pourtant un chemin divin ? Que d'interrogations sur vos choix de destinées qui pourtant ne sont rien d'autre que des égarements. Voyez-vous ce point au loin ? Est-il un phare ou est-il un mensonge qui veut votre perte ?

—

Faire croire aux êtres humains que le feu est au rouge, qu'y a-t-il de plus facile ? Faire croire aux êtres humains que le feu est au rouge à cause d'eux, qu'y a-t-il de plus facile ? Faire croire aux êtres humains que le feu est au rouge à cause d'eux et qu'ils doivent s'arrêter pour toujours, qu'y a-t-il de plus facile ?

—

La foi est une respiration par le cœur. Il inspire de la bonté et expire de la lumière. Il inspire de la lumière et expire de la bonté. Le cœur est ainsi un organe divin, comme divine est la circulation des fluides divins.

—

Le court est de mesure juste. Le long est aussi de mesure juste. Les êtres humains ont tant de difficultés à prendre la mesure que leur vue s'égare devant le long et le court. Pire que cela, ils pensent que la mesure est juste car elle est de leur fait. Ils pensent que la mesure est fausse si elle contredit la mesure qui est de leur fait. La foi divine guide l'être humain qui sait trouver dans chaque mesure la longueur qui lui convient le mieux.

—

Oubliez-vous d'où vous provenez pour oublier aussi qui vous a fait ? Ne serait-il pas nécessaire de voir comment est le passé pour comprendre pourquoi est ainsi le présent ? La Vierge Marie est votre mère, l'ignorez-vous ? Quel autre nom faut-il lui donner pour que votre mémoire vous revienne ?

—

L'enfant voit dans le ciel la couleur qui lui sert de repère. Les nuages forment autour une auréole pour marquer le passage de cette couleur vers la lumière divine. L'enfant la voit et la suit. Il construit son regard divin par cette méthode aussi souvent que son chemin le lui indique. L'adulte se sert de cette base qu'il a malheureusement oubliée. Lui rafraîchir la mémoire ne sert à rien sinon à lui faire comprendre que l'enfant qu'il était était plus proche de Dieu que ce qu'il peut éventuellement penser.

—

Priez et respirez profondément. Savoir se couper à toutes ces perturbations extérieures. Veuillez prendre le temps, reposez votre esprit que vous agressez depuis si longtemps. La prière reprend alors ses droits. Devenant quotidienne, elle vous offre cette pause qui vous est indispensable.

—

Devant l'engouement que provoquent les illusions et les images déformées d'une vie sans divinité, l'être humain se perd et s'égare, croyant se trouver. Que lui faut-il rajouter dans ce néant pour que le vide devienne plein et reluisant ? Rien de ce qu'il voit au quotidien. Ce qui brille ne le rend pas plus doré. L'être humain a perdu ce qui le faisait être de divinité ? Pas complètement, car il ne peut s'écarter de sa route indéfiniment, car sa route est le chemin de Dieu.

—

Même avec la plus grande intention, l'esprit humain n'égale pas la foi divine qui l'anime au fond de lui. La foi divine est bien plus qu'un outil pour comprendre et sentir le chemin qu'il doit prendre. La foi divine est ce réceptacle que choisit la lumière divine pour y poser tous les artifices nécessaires au bon fonctionnement de l'être humain.

—

Savoir tirer un trait à ce qui vous freine n'est pas une chose si évidente. Pour nombre d'entre vous, vous n'y arrivez pas car le fond se pose sur le corps de l'être humain pour l'alourdir d'un poids qui devient sa propre construction, sa propre structure. Comment se défaire de ce qui vous fait vous-même ? Si la prière à la divinité est la réponse évidente, l'est-elle pour vous ?

—

Le contexte qui vous pousse à retrouver votre condition d'être de divinité n'est plus adéquat. Que pouvez-vous espérer quand la voie que vous construisez vous en détourne pour vous aiguiller avec une médiocrité aussi grande, pour vous cacher la misère et les difficultés par des images fausses et maquillées ? Revenez à votre essentiel divin. Priez !

—

L'écriture est claire et précise. La divinité se charge d'en former les phrases. Les langues sont des doigts que vos mains agitent en tous sens pour se détendre. Mais ne montrent-ils pas la même direction ?

—

La foi sort de nulle part pour aller en tous lieux. Est-ce ainsi que cela se passe ? D'une certaine façon, c'est assez juste. Car le monde que vous construisez laisse si peu de place à la foi divine, que peu importe d'où elle vient et où elle va.

—

Les fruits qui ne tombent pas de l'arbre finissent par pourrir. Les mangeriez-vous tout de même ? Pourtant, le monde tel que vous le décrivez est comme ces fruits. Les consommez-vous tout de même ?

—

La pluie qui inonde vos vies n'est rien que les larmes de la Vierge Marie qui pleure votre existence à la lumière sombre et noire des êtres des ténèbres qui vous dirigent. Ces pleurs sont aussi la pluie qui fertilise le sol et fait pousser les plus belles fleurs. Considérez la grandeur de la Vierge Marie, car si elle est votre Mère, elle est aussi votre protectrice.

—

L'avenir avance masqué d'un bien-être qui doit vous priver de liberté. Les bons sentiments et les bonnes intentions vous culpabilisent pour cadrer leur véritable intention. Regardez devant vous puis derrière vous, l'horizon n'est-il pas le même ? Devant, la vie ne se construit pas comme on construit une prison. Et derrière, vos prisons ont façonné les errements de vos vies.

—

Chapitre 9

Rentrer à la maison lorsque l'on a quitté son chemin de vie ne peut se concevoir. Trouver le ciel clément quand on ne voit plus au-dessus de ses pensées ne peut s'envisager. Prononcer les mots qui réconfortent, quand la langue fourche de mensonges en erreurs, ne peut se faire entendre. Trouver sa voie quand les données indiquées ne parlent plus du chemin divin est irréalisable.

—

L'être humain n'hésite pas quand il ne sait pas xxx[1] quand il est troublé. Troublé par le mensonge, troublé par les activités des êtres des ténèbres. Troublé par ce poids que l'on fait peser sur lui, alors que ses épaules sont devenues si frêles. Peut-il alors faire autrement que douter ? Peut-il alors faire autrement qu'écouter les faux avis ? Oui, il le pourrait mais sa foi est si faible qu'elle ne lui permet plus de trouver la force en lui de regarder les Cieux divins et de dire que c'est là qu'il veut aller. —

[1]Partie illisible.

Associer la foi divine à la bonté, c'est se rapprocher de Dieu. Saisir au vol sa lumière divine, c'est contribuer à l'espérance dans un monde plus divin. Avez-vous ressenti un jour combien la foi divine peut vous apaiser et vous rendre plus énergique à la fois ? La bonté du cœur, pleine de lumière divine, suffit souvent à endiguer ces flots d'horreur et de terreur qui s'abattent sur vous trop souvent.

—

Je suis l'enfant de la Vierge Marie. Amen.

—

Servir la divinité est un sacerdoce pour certain. C'est une utopie pour d'autres. C'est une ineptie pour la plupart. Faut-il que le Ciel vous tombe sur la tête tel un décor de carton-pâte poussé par les êtres des ténèbres pour que vos yeux s'éclairent ? La vie est à considérer comme un chemin qui doit vous mener à la divinité.

—

Un peu de luminosité dans la pièce sombre et la vie se perçoit bien mieux. Dans cette pièce, il y a tous ces fils qui se croisent et se rejoignent. L'électricité ambiante la rend « bizarre ». C'est un peu comme si l'énergie qui y stagnait était explosive. Elle ne l'est pas tant que l'énergie reçue y est contenue. Si cette énergie passante dépasse les limites, la pièce devient si dense et presque dangereuse que la chaleur dégagée devient insupportable.

Vous sentez cette odeur, cette chaleur, cet excès de lumière. Tout devient plus compliqué à gérer dans cette pièce. Cette pièce, c'est votre cerveau.

—

La comparaison paraît approximative, mais elle est pourtant très proche. Cette approximation vient du fait que vous regardez le cerveau comme un ordinateur surpuissant, ce qu'il n'est pas du tout . Un ordinateur est bien plus capable qu'un cerveau. Mais un cerveau est infiniment plus complet qu'un ordinateur. Voulez-vous une preuve que vous n'ayez déjà ? Un ordinateur est capable de calculs qu'aucun cerveau ne peut réaliser. Un cerveau peut gérer des émotions, des ressentis qu'aucun ordinateur ne fera jamais.

—

Pour une fleur, la foi dans la divinité ne se réfléchit pas, elle se vit. Pour une pierre, la foi dans la divinité ne se réfléchit pas, elle se vit aussi. Pour une création humaine, la foi dans la divinité ne se réfléchit pas et ne peut se vivre car la fabrication par les mains des êtres humains ne transmet pas la foi divine dans l'essence même de l'objet. L'objet peut resplendir de foi divine, il ne la porte pas en lui.

—

De la vue de la fenêtre, on peut apercevoir un long chemin lumineux. Ce chemin lumineux semble aller et venir, tourner à gauche ou à droite. Il n'est pas instable, ni changeant. Il s'adapte simplement à celui qui le contemple. Ce chemin lumineux est large ou fin, escarpé ou plat, caillouteux, goudronné, etc. Il prend toutes les formes. Il prend tous les aspects. Il est agréable à regarder. Il est agréable à suivre. Il devrait être contemplé tous les jours tant la joie qu'il procure est grande. Le chemin lumineux que chacun contemple, c'est sa vie.

—

Le plus n'est pas le mieux dans une vie matérielle. Dans une vie spirituelle, le plus est comme le mieux. Dans une vie matérielle, le mieux est comme le plus, il est médiocre. Dans une vie spirituelle, le mieux n'est pas le plus.

—

Vous ne pouvez communiquer votre foi dans la divinité sans d'abord le faire à Dieu. Dieu va entendre et comprendre votre foi et vous renvoyez son amour. Communiquer sa foi à tout le monde sans l'avoir partagé avec la divinité n'est pas un gage de sérieux.

—

Jusqu'à aujourd'hui, la paix a signifié pour vous la vie, et la guerre la mort. Seriez-vous tous d'accord maintenant en pensant que la mort doit considérer votre quotidien comme synonyme de vie à réaliser et la paix comme une défaillance du nouveau système de vie ?

—

Marie aime ses enfants. Marie aime de la même façon chacun d'entre eux. Marie aime tous ses enfants pour ce qu'ils sont, du plus mauvais au plus méritoire à vos yeux. Marie vous aime, Elle aime d'un amour parfait. Marie est votre Mère. Aimez-la du plus profond de vous-même. Ne la faites pas pleurer.

—

Rester sur une impression de déjà-vu, c'est comprendre que le temps humain ne porte pas la lumière de Dieu. Être étonné par une nouveauté, c'est croire naïvement que le temps humain croît exponentiellement. Prendre le temps pour une superstition et accepter cette théorie, c'est penser que le temps s'écoule de manière linéaire, uniforme, identique. Le temps humain peut servir de guide, d'indication. Mais le temps humain n'est pas le temps divin, qui est le seul temps qui vous mène sur votre chemin vers la lumière divine.

—

Croire en une divinité proche, très proche de vous ne vous frappe pas, ne vous interroge pas, ne vous surprend pas. Croire dans une divinité qui est devant vous à tout moment ne vous interroge pas. Croire en une divinité qui vous tient par la main, qui sait vous relever, ne vous concerne presque pas, ne vous interroge pas. Que faut-il que la divinité fasse à votre échelle pour vous concerner, pour attirer votre attention ? La divinité est si proche de vous, si disponible à tout moment que vous en seriez fascinés.

—

Le sommeil est lourd et le visage est marqué au réveil. Les membres pendent sans force et se déplacer n'est pas aisé. Comment se déplacer sur le chemin de sa vie quand le réveil au matin n'est pas meilleur que celui-ci ? La vie ne donne pas, elle offre, elle enseigne, elle déplace ses centres d'attention pour que le chemin soit plus lisible. La vie a-t-elle brouillé le chemin un tel matin ? La vie ne permet pas à l'être humain de se tromper de route si celui-ci fait ce qu'il faut pour y arriver. Comment ne pas y arriver si le réveil au matin de lumière est parfait et régénérateur. Par contre, quand le réveil est si médiocre, ne faut-il pas observer son corps, ne faut-il pas observer son esprit pour trouver pourquoi la lumière divine peine tant à vous régénérer ?

—

Le monde à venir n'est pas ce que vous en ferez. Le monde à venir n'est pas déjà écrit. Le monde à venir est dessiné par vos chemins qui se rejoignent tous, les uns et les autres. Si ces chemins vous sont propres, ils peuvent être déviés par vos intentions mauvaises ou par l'influence des êtres des ténèbres. Ces chemins ne peuvent se combiner indifféremment, ils ont leur mécanique propre. Que faites-vous de vos vies ? Que faites-vous pour la divinité ? Où est la place de la lumière divine dans les mots que vous respirez, dans les mots que vous chantez ?

—

Chapitre 10

Auprès des êtres humains, la divinité sent une proximité immense. La divinité voit en vous des êtres d'exception. Vous n'êtes pas supérieurs ni différents, mais simplement vous êtes des êtres d'exception capables de porter sa lumière au plus loin des recoins de la Terre.

—

En donnant sa vie à la Vierge Marie, c'est toute la divinité qui vous guide. La Vierge Marie ne pleurera plus l'horreur ou la tristesse des êtres humains en voyant chacun de vous donner chaque minute de sa vie, chaque pas de son chemin à sa grandeur et à sa bonté.

—

En priant chaque jour la Vierge Marie, en consacrant du temps à percevoir la lumière divine, en cultivant la bonté divine, vous vous rapprocherez d'elle et Elle vous prendra dans ses bras pour vous bercer comme au premier jour.

—

Tout le monde des êtres humains est centré sur la Terre. Vous devez partager votre foi dans la divinité avec votre amour de la Terre qui vous porte.

—

La foi est comme la graine plantée en terre, et la Terre la fait pousser comme elle fait grandir votre foi dans la divinité.

—

N'hésitez pas à consacrer votre amour dans la Terre qui vous héberge, car cela renforcera votre amour dans la divinité.

—

Se servir de la lumière divine pour apprendre de la divinité est un acte demandé et voulu par Dieu. Ne vous en privez pas.

—

Maintenant, la vie se décompose plus difficilement dans ses différentes parties. Elle est plus compacte, elle permet moins aux différents aspects de se laisser apprécier. Pour cette raison, votre temps qui n'est pas le temps divin, vous paraît couler plus vite, plus rapidement.

—

Quand la prière est une respiration, la foi divine emporte tout sur son passage. Tous les êtres humains ne peuvent être guidés avec toute cette puissance car le frein qu'ils font marcher au fond d'eux les maintient en vie artificielle. Mais ne vous inquiétez pas, la plupart suivent le courant et, tôt ou tard, les autres suivront la lumière de Dieu.

—

La foi divine vous apporte l'eau et le repas du maître d'ouvrage. La divinité nourrit bien les êtres humains qui portent du haut de sa grandeur l'étendard divin. Les ouvriers et les êtres humains qui les aident ne sont pas oubliés non plus. Chacun reçoit la foi divine car il aime Dieu et Dieu aime les êtres humains.

—

Se lever le matin gorgé de lumière divine et prier pour remercier la divinité. La Vierge Marie n'est pas oubliée. Elle saura vous épauler dans les pires difficultés ou souffler dans vos narines l'air qui réchauffera vos poumons dans les moments de joie.

—

Savoir que la divinité est là près de vous est capital pour ressentir la foi divine en vous. Vous l'ignorez mais la divinité est à côté de chacun de vous à tout instant. Ne sentez-vous pas parfois l'impression d'être observé ? La divinité ne vous observe pas pour autant, il ne s'agit que de votre façon de ressentir par vos sens humains la présence divine.

—

Le plus vieil être humain est né hier. Le plus jeune être humain est né hier. Le temps humain ne sait pas décrire les phénomènes divins. Il a déjà tant de mal à décrire les phénomènes terrestres. La vie est passé, présent et futur dans votre temps humain. La vie n'a ni présent, ni passé, ni futur, elle les a tous à la fois dans le temps divin. Car il n'y a pas de comparaison à réaliser entre ces deux notions.

—

Merci à tous ceux qui prennent en eux la grandeur de la Vierge Marie. Qu'ils continuent à prier ainsi la divinité et la bonté de la Vierge Marie.

—

Peu importe les signes, peu importe les appels, peu importe les rappels, peu importe les indications et tout ce que la divinité vous montre tant que vous montrez de votre côté toute la foi immense que vous lui envoyez par la prière. Dieu sait la recevoir et sait en tenir compte pour votre périple divin.

—

Rentrer dans la plus grande des intentions sans avoir cultivé sa foi ne donne que peu de fruits. Cultiver son verger sans jamais ramasser les fruits ne donne rien de bon à la longue. Voyez-vous votre lumière intérieure qui vous interpelle ? Elle est portant claire dans ses intentions. La foi que vous ne cultivez pas n'est pas perdue, elle n'est juste que peu utilisée, et c'est une occasion de rentrer dans la lumière de Dieu perdue.

—

Claire est la route du pèlerin qui pose chaque caillou derrière lui et hume le parfum de chaque fleur devant lui. Dans son ciel, les couleurs peuvent changer mais toutes se marient pour créer une lumière que lui sait interpréter pour la divinité. La nuit tombe et le lendemain ne vient pas, le pèlerin va lui-même le chercher et sa vie s'éclaire à entendre la voix de Dieu. Il prie car il sait que la prière le nourrit et nourrit aussi autour de lui.

—

Ce n'est pas la Vierge Marie qui vous appelle, c'est votre cœur qui la demande. Elle vous répond aussitôt car elle est votre mère éternelle. Vous pouvez lui demander de vous serrer dans ses bras comme un enfant le ferait et Elle le fera. Elle fera partir vos peurs, vos angoisses et vos doutes. Elle chassera vos malheurs et vos maux. La Vierge Marie est votre mère éternelle et Elle sait ce qu'il faut faire pour vous aider à vous diriger vers la lumière de Dieu.

—

Jusqu'à présent, le cœur des êtres de foi resplendissait de lumière divine. Maintenant, les êtres de foi sont obligés de se cacher quand ils se rendent encore compte qu'ils portent en eux cette lumière divine. Le réveil est parfois douloureux s'il est nécessaire qu'il le soit. Mais cette douleur est comme une fracture de terre qui ouvre sur un monde caché ou inconnu. La foi divine est comme la lumière qui vous éclaire quand le Soleil est déjà bien présent. Inutile, croyez-vous ? Tout le contraire. Indispensable et complémentaire.

—

Quand le froid glace le cœur de l'être humain, le froid, ce même froid, peut le réchauffer à la médiocrité des êtres des ténèbres. Ce froid est-il pour autant la cause de leur malheur ? Quand la chaleur brûle l'âme des êtres humains, cette même chaleur prend son envol dans les cendres brûlantes des êtres des ténèbres. Cette chaleur est-elle la cause du malheur des êtres humains ? La prière ne peut être atteinte, ni par le froid, ni par la chaleur provoquée par les êtres des ténèbres. La prière va vous sauver. Cultivez-la. Mettez-la bien au chaud. Gardez-la bien au frais.

—

Une fois la prière prononcée, la divinité vous répond au fond de votre cœur. Les signes pleuvent, vous n'avez qu'à les cueillir. Observez bien autour de vous. Écoutez bien vos pensées. Ces signes sont là pour vous. Déchiffrez-les.

—

Même vos mains vous regardent et se demandent jusqu'où vous pouvez les emmener sans aborder la foi divine. Elles ne souhaitent que toucher la lumière divine et donner tout ce qu'elles peuvent à Dieu. Voyez la Vierge Marie, elle s'approche toujours de vous et vous, en baissant les bras, en devenant des moutons aux ordres des êtres des ténèbres, vous la faites pleurer. Vos mains ne veulent pas la faire pleurer. La lumière divine revient et revient encore pour vous guider. Ne voulez-vous donc plus être aidé sur votre chemin ? Pensez donc ! Vos mains doivent s'élever haut dans les Cieux pour prier la bonté divine. La Vierge Marie saura les prendre et leur montrer combien la divinité est grande.

—

À votre avis, la foi divine peut-elle se substituer à la volonté humaine de devenir quelqu'un de bien sur le plan social ? Quelle explication donner à cette foi divine sur un plan de construction personnelle au sein de vos sociétés ? Est-il concevable que l'être humain qui s'insère dans une vie sociale soit dépendant d'une foi divine dont il n'a reçu aucune information hormis des erreurs, des mensonges et des approximations religieux ?

—

Pour le peu que l'être humain prie, il peut concevoir que sa prière n'ait que peu d'écho. Pourtant, cette idée qu'il se fait parfois est fausse. Il peut aussi penser que sa prière est immense et forcément réalisable car il le mérite. Cette notion bien plus présente est tout aussi irréalisable. La prière qui n'est pas faite de lumière divine, de bonté divine et reposant sur une foi divine n'est qu'un balbutiement de mots sans valeur. Croyez-vous que la divinité l'entende ? Et bien malgré cela, Elle l'entend quand même. La réponse vous est même donnée. Est-elle ce que vous attendiez ? Peut-être pas.

—

À partir de l'instant où vous venez au monde, la Vierge Marie est votre mère. Vous voyez combien le rôle d'une mère est important. Vous savez combien aimer sa mère est grand et magnifique. Alors, aimez la Vierge Marie du plus fort que vous le puissiez, son amour pour vous resplendira sur votre cœur tels des rayons de lumière doux et protecteurs.

—

« Et ma mère ? », direz-vous. « Celle que je vois, que je connais, que j'aime, qui est-elle alors si la Vierge Marie est ma véritable mère ? » Ne confondez pas tout. La Vierge Marie est votre véritable mère divine. Votre maman est la Vierge Marie incarnée dans ce monde. Tout le bien que vous ferez à votre maman, la Vierge Marie vous le rendra au centuple.

—

« Mais si ma mère n'est pas là, si elle m'abandonne, si elle est proche du mal, que peut faire alors la Vierge Marie ? » La Vierge Marie reste votre mère divine pour que vous soyez toujours sous la protection d'une mère, si votre mère humaine ne l'est pas.

—

Pour débuter, la foi n'a besoin de rien. Elle ne s'apprend pas. Est-elle innée ? Non. Est-elle acquise ? Non plus. Qu'est-elle alors ? Elle est hors de vous et entre en vous. Elle est produite en vous et sort de vous. Vous ne la devez à rien d'autre que la divinité. Sa lumière divine vous transperce de bonté, la foi s'en gorge pour vous faire revenir sur le chemin de Dieu. La boussole à suivre se nomme foi divine.

—

La fatigue n'est rien quand l'effort est d'aimer Dieu. La difficulté est douce quand il s'agit d'aimer Dieu. Le son est si peu audible mais l'oreille perçoit un son si fort que cela pourrait être dangereux. Le toucher le remplace et mène les mains vers les yeux du cœur. La chaleur s'engouffre dans la poitrine. Sentez-vous vos pieds qui transpirent de cette énergie si fugace ? La vie d'un être humain est simple. La lumière divine est si facile à appréhender.

—

Chapitre 11

Se perdre n'est rien quand on sait que la lumière divine va vous retrouver. Disparaître n'est rien quand on sait que la lumière divine va vous accompagner. La peur de faire face ne doit plus vous indiquer le chemin à suivre, car vous avez avec vous la lumière divine.

—

Ça ne peut que devoir se concrétiser. Ça ne peut que se réaliser. Ce n'est pas certain, c'est inéluctable. La vie est ainsi et vous n'y échapperez pas. Le destin est écrit, c'est ainsi. Votre avenir ? Non. Votre propre vie ? Non. Votre déchéance ? Non. Votre apocalypse ? Non. Quoi donc alors ? Votre amour pour Dieu quand sa lumière divine vous guide à lui.

—

Avec la limite que vous vous fixez, l'horizon est à vos pieds. Avec la limite que vous vous imposez, l’espérance est déjà morte. Avec la limite que vous vous imposez, le doute est permis, l'espoir s'éteint, la chance est plus qu'aléatoire et la vie un jeu de roulette russe.

—

Que vaut votre regard pour celui qui est aveugle ? Que vaut votre voix pour celui qui est sourd ? Que vaut votre chemin pour celui qui est figé sur place ? Que vaut votre espoir pour celui qui est hypnotisé ? Que vaut votre foi pour celui qui ne sait pas que la divinité le porte ?

—

Serrez contre votre cœur votre âme d'enfant et ouvrez les yeux. Que voyez-vous ? Le ciel bordé d'un Soleil si immense que les nuages lui chantent des louanges. Au fond, les êtres humains s'envolent. Mais ces humains, c'est vous. Et ces couleurs, ce sont celles de vos yeux. Fermez les yeux et le Soleil apparaît au centre de votre vision. Priez et respirez à fond. Dieu est en vous.

—

Questionnez les Cieux : dans quel monde vivez-vous ? Si les Cieux ne vous le disent pas précisément, questionnez la Terre. Sur quel monde vivez-vous ? Si la Terre ne vous l'explique pas, questionnez au fond de vous. Dans quel monde suis-je ? Au fond de vous, la lumière divine vous répondra par la voix de Dieu. Quelles autres explications vous faut-il donc ?

—

Ordonner la sentence divine est votre jeu favori. Mais il est malsain, car ceux qui le pratiquent se prennent pour Dieu devant vous. Vous les écoutez et fermez les yeux en y croyant. C'est cela qui définit votre naïveté. Faudra-t-il un jour que vous y voyiez clair même si cette clarté vous brûle votre peau endurcie de mensonges.

—

Dans l'image, il n'y a que de la méfiance à postuler, tant l'image est un leurre. Mais avez-vous aimé cette image ? Elle vous a trompé. Vous avez cru dans cette image, elle s'est ri de vous. Seriez-vous plein de bonté divine que vous n'autoriseriez pas cette image à se placer devant vous. Reprenez votre image et sortez-la de votre cadre. Priez la grandeur de Dieu, il n'a pas d'image à vous proposer.

—

Quelle pesanteur extraordinaire cela procure et pourtant la légèreté s'accentue. La pression exprimée par la lumière divine plaque l'être humain sur terre pour lui faire sentir combien la Terre le renforce, et puis, au même moment, son être, son corps, son cœur, son esprit s'allègent ensemble pour concevoir un être qui fonce tête baissée, car l'être humain est ainsi, vers son chemin qui est divin du début et jusqu'à ce qu'il arrive en Dieu.

—

Brûlez un cierge devant la photo de votre âme car elle n'est plus vivante aujourd'hui. Voyez combien les êtres des ténèbres vous ont possédé. Ne priez plus vos saints et vos Dieux, ils ne vous entendent plus tant votre esprit fait du bruit. La lumière que vous refusez se perd en toutes directions et ceux qui résistent en priant Dieu vous les tuez au nom de théories de la manipulation et de l'hypocrisie. Dieu n'est plus un objectif, c'est une statue à faire tomber. Que se passera-t-il quand le vent va tourner ? Serez-vous aveugle ou la vérité vous brûlera-t-elle les yeux ? Vous devez suivre votre chemin de lumière. Marchez donc sur celui-ci même si vos pieds sont devenus si faibles, même si vos mains ne savent plus où pointer leurs doigts, même si vos yeux ne voient plus la beauté céleste.

—

L'avenir est ce qui est le plus précieux pour projeter votre amour dans la divinité. Utilisez le temps humain comme il est, ne cherchez pas à utiliser un autre concept qui ne serait de toute façon que mal approprié. Le temps divin est présent pour vous sans que vous puissiez y accéder, mais peu importe. Le sens du temps est celui qui est le plus adéquat pour comprendre ce flux lumineux qui vous traverse.

—

Ce sera le plus grand et ce sera le plus lumineux. En hauteur il se verra. Au ras du sol il brillera. Les flammes ne se verront que si les yeux sont ouverts. Les aveugles ne se réjouiront que par les sens. Les plus réticents s'agenouilleront. Les plus corrompus perdront la vie humaine. Les êtres des ténèbres fuiront . Ainsi sera la venue de la lumière divine qui délivrera les êtres humains.

—

Que la vie est belle est douce quand les yeux s'ouvrent à la vérité divine. La foi est ce que les êtres humains attend pour enfin enfanter son amour dans la divinité. Pourriez-vous un jour oublier ce que la divinité est pour vous ? Non, cela est impossible.

—

Considérez la vue de la vérité divine comme une évidence, comme une chose parfaitement concrète. La divinité n'est pas, à l'échelle humaine, d'un contour distinct, d'une approche concrète, pourtant vous pouvez la sentir, la toucher, lui parler et l'entendre.

—

Prier sans être interrompu, sans être dérangé par les pensées humaines est un acte assez simple pour l'être humain malgré ses difficultés. La prière est un acte qui se fait au calme. Mais vos pensées sont souvent dues à l'intervention extérieure des êtres des ténèbres qui ne cherchent qu'à l'interrompre. Le calme, la méditation et la récitation de la prière à la Vierge Marie par exemple permettent au bout d'un certain entraînement d'interrompre ce discours incessant, ces idées dérangeantes, et procurent un contact direct avec la divinité sans aucune interférence.

—

Un seul ne peut répondre à tous. Tous s'opposent à tous. Le seul restant est comme l'ensemble des autres. Ces autres ne font plus l'unité. Comparez-le, seul, face aux autres. Est-il seul ? Est-il de taille égale ? Dieu donne la lumière divine pour fournir l'énergie nécessaire quand le poids humain est trop lourd à porter. Un seul suffit parfois pour tout porter.

—

La foi peut-elle soulever des montagnes ? Que reste-t-il de la foi quand celle-ci est usée jusqu'à la corne ? Avez-vous essayé de rejoindre votre chemin si ce chemin est en friche ? Dans la vue de l'horizon, les arbres cachent toutes ces forêts et toutes ces forêts s'effondrent sur votre chemin. Demain il faudra défricher. Vous retrouverez ce chemin si précieux qui est le vôtre. La foi vous aidera pour cela.

—

Un jour et le suivant, les pensées s'égarent. Vos images vous brouillent et vous empêchent de penser. Les pensées sont comme des fleurs qu'il faut contempler mais ne pas cueillir, sinon les mauvaises herbes les remplacent. Dans ce cadre qui vous fait face, la foi dans les fleurs de vos pensées a été remplacée par des mauvaises herbes factices. Qu'elles sont belles et vraies !, croyez-vous ? Votre naïveté est un égard que vous livrez aux êtres des ténèbres. Ils s'en réjouissent en rigolant.

—

Assise devant le théâtre du monde, la lumière divine attend votre signe. Elle patiente car elle est intemporelle. Elle patiente car elle sait combien votre attente est longue. Elle vient vous rappeler parfois que vos besoins sont ailleurs, sont plus hauts dans les Cieux. La divinité lui dit de patienter encore. Les êtres humains sont des entités divines et la divinité les aime.

—

Quelle autre spécificité guide le cœur des êtres humains ? L'amour ? C'est le cas. La foi divine ? Il est fait pour cela. Il est aussi mû par une intention que vous ne percevez pas toujours concrètement : la recherche de sens. Le cœur est une quête de sens, une recherche de signification dans ce que vous vivez.

—

Merci aux êtres humains qui décident de se réveiller devant l'horreur que l'on construit pour eux.

—

Dire que la foi est une partie du chemin est une parole juste. Le chemin est fait de lumière. Il est basé sur ce que Dieu veut pour vous. « Quelles sont ces embûches, ces erreurs, ces horreurs qui sont sur mon chemin ? », demandez-vous. « Sont-elles ce que Dieu veut de mieux pour moi ? » Est-il possible que Dieu veuille vous faire trébucher alors qu'il cherche à vous amener au plus haut des Cieux ? Ce qui vous fait obstacle, est-il divin ?, devriez-vous vous demander. Ou ce qui est horrible, est-il créé par des êtres qui ne sont pas la divinité ? Mais ce que je dois vivre, est-il ce chemin ou ce que je dois vivre, est-il un autre chemin ? Le chemin est lumineux quand il est le vôtre. Le chemin qui vous martyrise, vous violente, vous égare ne porte aucune lumière divine sur ses flancs.

—

Merci à ceux qui sacrifient leur esprit et leur corps pour que les êtres humains retrouvent leur chemin vers Dieu.

—

La Vierge Marie sait remercier ceux qui se sacrifient pour les autres êtres humains. Elle leur apporte soutien en tous sens et aide en toutes directions.

—

Peut-on accepter les efforts de l'autre si cela va à l'opposé des siens ? La compréhension de l'être humain nécessite que l'entente qu'il peut proposer à l'autre être humain lui permette de continuer son chemin. Les chemins de chacun peuvent se croiser, se doubler, aller à l'opposé l'un de l'autre sans que cela altère l'avancée de chacun. La lumière divine sépare les chemins pour que ceux-ci évoluent sur des dimensions différentes, si nécessaire.

—

Que la lumière divine ravive la foi de chacun pour ainsi que la vérité devienne la face visible, et que la face cachée sorte de l'ombre pour se dévoiler devant tout le monde.

—

En se dirigeant vers l'autre, l'être humain se dirige aussi vers lui. En observant la lumière entrer dans l'autre, l'être humain permet à la lumière d'entrer aussi en lui. En priant la divinité pour l'autre, l'être humain prie aussi la divinité pour son propre chemin.

—

Dieu entend et voit. Dieu vous sent et vous suit. Dieu vous guide et vous touche. Dieu trace sur votre chemin des marques pour que vous ne vous perdiez pas. Ces marques se lisent comme se lit un livre, comme se lisent des chiffres, comme se lit une histoire. Dieu est avec vous, tout près de vous, tout le temps. Priez-le, il vous en sera si reconnaissant que votre chemin s'illuminera.

—

Chapitre 12

Prenez plusieurs angles de vue. Soulevez-vous vers Dieu. Regardez à droite, à gauche, par-dessus, par-dessous. Un menteur mentira toujours, c'est dans sa nature. Avez-vous besoin de preuves pour le confondre dans son mensonge ? Réveillez-vous à la vérité. Elle est divine et elle vous éclaire. Vous raisonnez si bien sur des fondements si faux.

—

Resterez-vous assez nombreux pour survivre ? Oui, vous le serez. Pourrez-vous éteindre le mal qui vous enflamme ? Oui, vous le pourrez. Dans ce champ de désolation, les jolies fleurs repousseront. Elles ne sont d'ailleurs pas toutes écrasées par leurs bottes. Soufflez, respirez. Dehors, la vie reprend toujours ses droits divins. Demain fait suite à la nuit et le soir vient pour votre repos. Le plus dur n'est pas toujours derrière vous ni devant vous, il est sur vous. Portez-le et posez-le sur la Terre, elle sait s'en charger.

—

Généralement, l'envie de suivre la lumière donne à l'enfant le choix de ce qui est bon. Quand l'enfant se transforme en adulte, la lumière ne l'attire plus ou pas assez. Il s'invente alors sa propre lumière à laquelle il croit, et il s'imagine qu'elle peut aussi guider les autres. L'erreur n'est pas de croire que l'on est le centre du monde, l'erreur c'est d'oublier la lumière primordiale.

—

Merci pour les paroles qui dirigent la lumière de Dieu au plus haut dans le Ciel. Les êtres humains écrasés de noirceur voient dans cette noirceur l'unique espoir de leur vie. Mais la lumière de Dieu éclaire le chemin et éclaire le Ciel d'un luminaire céleste porteur de tous les espoirs. Quel luminaire porteur d'espoir ceux qui veulent votre disparition vous apporte-t-il ?

—

Restez les seuls dans la peine Lune pour que la clarté se diffuse. Étudiez la Lune et voyez le miroir qu'elle présente devant vous. Le Soleil n'y reflète pas toujours. Mais l'être humain, si.

—

Se souvenir de tous ces bons moments vécus et l'ombre de la réalité survient. Que voyez-vous devant cette lumière aveuglante ? De l'avenir ? Du divin ? Rien de cela. Vous entendez des chaînes si vous n'êtes plus sourds. Vous sentez la mort si vous sentez encore l'air du vent. Vous touchez les cendres si vos mains ne sont pas nouées.

—

Ce n'est pas dans la vie des êtres humains que l'on voit le projet céleste mais c'est dans le Ciel du divin que l'on voit le parcours des êtres humains. En guidant les êtres humains comme on souffle sur un bateau pour le faire avancer sur la mer, la divinité insuffle sa bonté jusqu'au plus profond des êtres humains.

—

Que la beauté du Ciel rejoigne le paysage au loin. Que la grandeur du sol touche à la beauté des étoiles. Voyez-vous ce monde ainsi créé qui vous entoure et qui vous mène sur votre chemin ? Tenez-bien le cap et dirigez-vous vers cette lumière au loin qui est divine en elle-même et divine en vous.

—

Le libre-arbitre est dans chaque main. La décision personnelle est collective. Dans un regard, il y a mille regards différents. L'air qui fait siffler les feuilles n'est pas propre à chaque arbre. Pourtant, chaque arbre chante sa propre mélodie. Le Ciel est multiple et vous n'en voyez qu'un. L'étoile est unique et vous la décrivez de mille mots. Regardez devant vous, est-ce l'avenir, le présent, le passé ? Le passé est-il ce que vous expliquez dans vos livres d'histoire ? Ne pourriez-vous pas faire la même chose avec le futur ?

—

Partager une émotion pour la recoller après, voici comment guider les êtres humains vers le fossé qui les enterrera. Vous entendez les cris du diable et vous les traduisez par des appels au secours. Dans la nuit, il est bon de se réveiller, d'ouvrir la fenêtre et de regarder les étoiles qui brillent, car ces étoiles sont vos guides célestes.

—

Restez jusqu'à la fin de l'histoire, écoutez bien tous les arguments. Cela sonne faux car le chant est perverti, car le chanteur est perverti, car ce monde est perverti. Prenez vos distances et changez ce monde.

—

Beaucoup de vents soufflent dans toutes les directions, il est difficile de choisir un sens. Bien peu comprennent comment se diriger. C'est ainsi que procèdent les êtres des ténèbres. Cet air qu'ils insufflent est le leur, mais cela a pour défaut de les affaiblir. Réfléchissez-y.

—

Rien n'est plus beau que le lever du soleil quand on ne l'attend plus. Essayez de penser à lui, essayer de retrouver l'envie de son lever. Vous verrez sa beauté.

—

Avant de percevoir son premier rayon de soleil, l'étoile du matin voit dans la nuit ces créatures qui l'inspirent et la guident. Une fois posée sur la Terre, l'étoile attend patiemment que le Soleil lui dise d'entrer dans ce monde. Elle teinte alors le sol de sa couleur et de son humeur et commence à avancer sur le chemin sinueux et tortueux qui se présente devant elle.

—

Plus que la possibilité de s'ouvrir au monde, le cœur a la possibilité de s'ouvrir à la personnalité de l'être qui le détient. Ce cœur qui bat si régulièrement, si doucement est un organe qui n'a pas conscience de ce qu'il fait mais qui a conscience de ce qu'il doit faire. La différence lui permet d'impulser de l'espoir là où il en manque et du courage là où cela fait défaut.

—

Merci de croire encore à la bonté divine. Même sous l'orage, la frayeur qui éclate à vos yeux ne peut empêcher le calme et l'amour de pousser telle une fleur.

—

Un jour se lève et la vie ne parle plus à personne. Le ciel est bleu mais les esprits sont gris. Les yeux sont mouillés de désespoir. Avez-vous vu ce que le jour vous annonce ? Le midi et le soir arrivent si vite qu'il faut chercher à comprendre ce qui est arrivé ce jour. Demain sera déjà là. La vie n'est plus une vie, l'amour en Dieu n'est plus la priorité. Que reste-t-il de ce jour ? Avez-vous senti la main divine se poser sur votre épaule ? Au loin le Ciel brûle ce qui reste de Soleil et de Lune, et les étoiles vont s'éteindre car leur espoir n'est plus en vous.

—

Que pouvez-vous voir si vous ne touchez plus le Ciel ? Que sentez-vous si vous ne voyez pas l'infini ? Le grand, le petit sont-ils confondus dans vos esprits ? Le grand et le petit touchent-ils vos yeux de la même façon ? Dieu vous emmène, le suivez-vous ? Dieu vous transporte. Vous laissez-vous transporter ? Dieu vous guide. Voyez ce que vous en faites. Ce qui peut vous sauver d'un effondrement certain est cette infime croyance au fond de vous qui vous dit de sa petite voix : « écoute ton cœur, est-il placé si bas ? »

—

Il ne peut vous comprendre car il ne vous voit plus comme avant. La fracture est réelle et profonde. Elle ne sera jamais résorbée. C'est ainsi, vous devez continuer malgré cela. Les populations se divisent, certaines s'effondrent, d'autres luttent. Mais gare aux êtres des ténèbres qui avaient prévu cela. Si vous continuez à vous effondrer ou à vous diviser, ils auront gagné.

—

Aujourd'hui marque comme un point de repère. Cet aujourd'hui est-il le même pour chacun d'entre vous ? Oui et non. Drôle de réponse. Oui pour ceux qui courent après la mort. Non pour ceux qui prient la grandeur divine.

—

Une variation d'intensité spirituelle se couvre d'une couleur fine et délicate, et les yeux se ferment pour la contempler au-dedans. La sentir dans ses mains, c'est comme courir dans l'herbe un soir d'été. Voyez-vous cette énergie si fine se dérober sous vos pieds ? L'avant-dernière fois que vous l'avez senti c'était hier, mais demain peut-être cela reviendra. La fine énergie qui vous inonde de sa saveur peut vous permettre, si vous le voulez vraiment, de vous aider à voir enfin la vie telle qu'elle est en réalité. C'est-à-dire une vie faite de bonté divine.

—

Merci à tous ceux qui osent penser que la vie est plus belle en suivant la lumière de Dieu que ce néant, plein de paillettes et de couleurs criardes.

—

C'est par la voix que la parole se diffuse. C'est par la lumière que la vie s'installe. C'est par le souffle que la divinité vient à vous. C'est par la foi que vous rejoindrez la divinité.

—

Au loin, le Ciel descend vous chercher. Il n'est pas sombre, ni ténébreux, il est de la couleur que vous choisissez. Il n'a nul attribut. Il n'a nulle intention. Il vient juste vous chercher car les planètes le lui ont demandé. Elles ont entendu votre choix et en ont pris acte. Les planètes, c'est vous, ce sont eux, ce sont les êtres humains.

—

Il n'y a pas de possibilités de choix quand le choix n'existe pas. Pourtant, quel est votre choix dans cette vie actuellement ? Voyez-vous la dérision ? Comprenez-vous la manipulation, la tricherie ?
Ouvrez-vous aux autres. Regardez devant, regardez derrière et sur les côtés. Voyez-vous toujours la même chose ? Croyez-vous qu'une victoire d'illusion est une victoire finale ? N'est-elle pas elle aussi une victoire manipulée pour votre défaite ?

—

Avant que ne s'installe le bonheur, le bonheur n'est-il pas déjà là, aussi présent ? Avant que ne disparaissent les êtres des ténèbres, sont-ils eux aussi présents parmi vous ? La vie que vous vivez est pleine de paradoxe. Vos yeux ne voient plus, vos lèvres ne goûtent pas à la lumière divine. Vos mains sont maladroites. Réapprenons tout cela.

—

L'espoir est comme une fleur que l'on ne cueille pas pour la garder intacte et la contempler au loin. Ceux qui la piétinent ne vous veulent pas du bien. Ceux qui la rasent ne comprennent pas ce qui doit pouvoir pousser. Ceux qui la laissent faner gardent en eux une petite lumière qui leur dit qu'elle refleurira un jour. Ceux qui la protègent doivent le faire par la prière et la bonté qui sort de leurs yeux.

—

Pendant si longtemps, la feuille est restée sur l'arbre. Vient le jour où elle chute. Sa chute n'est ni lourde ni dangereuse car la feuille sait ce qu'il doit un jour advenir d'elle. Elle sait qu'elle doit se séparer de l'arbre et sa chute est légère et toujours bien réfléchie. Réfléchie ?, dites-vous. Oui, car la feuille comprend ce qui lui arrive car elle s'y attendait. Ne pourriez-vous vous en inspirer ?

—

Que veut Dieu que vous ne puissiez pas avoir ? Dans cette grande bonté, il dirige vers vous ses rayons de Soleil pour vous réchauffer. Il prend chaque être par la main pour le guider. En refusant son Soleil, en refusant sa main, croyez-vous pouvoir avancer sereinement ?

—

Dire la vérité à celui qui n'entend plus est un sacerdoce, un devoir peut-être perdu mais indispensable. Car comme la graine plantée dans une terre aride, elle peut, par la chance des événements favorables, finir par pousser et produire le fruit le plus fort que la vie n'ait pu espérer.

—

Pourvu que la lumière permette à la nuit de vous éclairer. Dans cette sombre histoire, celui qui compte n'est pas celui qui voit clair. Oubliez tout ce qui a été proclamé, oubliez tout ce qui a été édifié en dogme, ouvrez grand vos yeux, bougez le plus possible pour remuer ce tas de boue et la lumière, la vraie, la lumière divine sortira comme jailli un volcan.

—

Que reste-t-il de sa vie quand celle-ci ne vous appartient plus ? La vivez-vous toujours ? Est-ce un papier, une procuration qui vous pousse à la suivre, à la prolonger ? Dans le grand tout il y a un fossé en plein milieu. Celui-ci se creuse et s'agrandit à mesure que vous videz l'aval et l'amont. C'est ainsi que le plein et le vide se développent. Dans un moment, le pied échouera dans le trou et restera bloqué. Vous ne sentirez rien sinon que vous n'avancez plus. Voulez-vous continuer ? Vous ne le pourrez plus. Ceux qui ne verront rien verront le monde bouger autour d'eux, aussi immobile que la vision qu'ils ont de ce monde.

—

Ce n'est plus le temps qui définit l'ordre des choses. Ce n'est plus le devant qui indique le futur. Ce n'est pas non plus le son qui explique la voix. Ce n'est pas non plus la vue qui montre le Ciel. Ce qui est devant vous doit vous être incroyable, mais c'est ainsi que vous le vivrez.

—

L'herbe est faite de milliers de brins d'herbe. Le Ciel est fait de milliers de brins de Ciel. Dans le monde dans lequel vous plongez, il y a des milliers de brins de monde. Si vous voyez chaque brin d'herbe, chaque brin de Ciel, il y a alors pour vous un lieu privilégié que l'on appelle la divinité.

—

Je pleure pour vous mes enfants. Venez à moi.
La Vierge Marie.

—

Généralement, la vie précède la vie. La mort n'est qu'un passage. Tout du moins, est-ce ainsi que vous l'observez. Mais devant cette évidence, que vient donc faire la mort ? Vous lamenter, vous rendre triste ? Vous priver des êtres que vous aimez ? La mort n'est-elle que ce simple passage si terrible à vivre pour ceux qui ne passent pas par là ? Dans cette existence, les êtres humains sont confrontés à des obstacles qu'ils prennent pour des épreuves et des épreuves qu'ils prennent pour des obstacles. Dans cette logique, qu'est donc la mort ? Un obstacle, une épreuve ? Pour parvenir à une fin heureuse, le bon romancier gomme la mort et chante les louanges de cette vie si douce et agréable. Peut-on penser que la divinité ait exercé sur vous une fin romancée dans de telles horreurs à vivre ?

—

Quelle partie du corps peut prendre soin de toutes les autres ? Le cœur ? La tête et le cerveau ? Les pieds, les mains, le foie ? Non, aucune d'entre elles. La seule qui puisse le faire est les yeux car les yeux voient l'avenir et voient la solution.

—

Un jour de plus ne donne pas le sentiment d'être arrivé. Pour le plus aiguisé des regards, les masques tombent tandis que les acteurs continuent de jouer. Le public est réjoui. Alors les acteurs surjouent. De plus en plus, les lumières tombent en panne et la pénombre s'instaure. Auriez-vous peur ? Le devriez-vous ? Devant soi, il y a la fin de la place. Derrière soi, il y a sa place et sa fin. Quand enfin la lumière reviendra vous éclairer, ce sera une petite lumière artificielle et elle vous guidera au fond d'un trou.

—

Dans le cycle de la vie, il y a cette montagne haute que l'on appelle l'amour. La gravir est compliqué, vous semble-t-il, alors vous vous portez devant pour faire semblant de la dominer. Voyez-vous d'en haut de son sommet combien la vue est pénétrante, combien l'horizon est merveilleux ?

—

Pères et mères regardent leurs enfants comme on regarde sa gamelle. Donneront-ils assez de fruits pour que nous en ayons aussi ? Que pouvez-vous espérer de vos enfants sinon leur bonheur et simplement leur bonheur ? Ouvrez-leur la lumière divine, transmettez la bonté de Dieu et leur chemin sera tout tracé, conduisant vers les cymes divines.

—

Même sans le regard de Dieu vous sentez sa présence. Même sans sa main sur votre épaule vous sentez son soutien. Là-haut, près de ces Cieux que vous ignorez, il y a une étoile qui brille. Elle brille pour chacun d'entre vous. Elle brille comme brille vos yeux lorsque l'amour de Dieu traverse votre esprit.

—

Si le savoir est divin, le savoir est une lumière qui éclaire du cœur au regard, du cœur au mouvement de chaque main. Le savoir est divin et le raisonnement que vous construisez peut en montrer les signes les plus grands. Ce n'est pas une mince affaire pour vous tant vous vous perdez dans un labyrinthe de pensées. La prière, l'intuition, la foi pourraient vous faire sortir de ce labyrinthe et vous montrer le véritable savoir divin.

—

Grandir à la lumière qui éclaire les êtres humains, se sortir des ténèbres quand le sol ne touche plus le Ciel, parcourir sans relâche le carré de sa cellule en la prenant pour le monde infini. Regarder droit devant soi le mur épais qui décore le précipice de sa vie. Devant, il y a certainement quelque chose. Derrière, cela a été maquillé. Sur les côtés, les idées empêchent de regarder. Le son est bruyant et la voix ne fait plus d'écho. Où est Dieu dans tout cela ? Devant, derrière, nulle part ? Au fond de soi, il y a une douleur lancinante. C'est la lance qui transperce votre cœur que vous vous êtes plantés avec plaisir, pour vous distraire, par confiance dans des êtres qui sont aussi noirs et ténébreux que l'intérieur de leur cœur.

—

Beaucoup de familles voient dans leur foyer la chaleur qui leur permet de continuer à avancer. Peu d'entre elles voient dans leur foyer la force qui descend loin dans la terre et qui crée leur unité. Ainsi se crée une famille, par l'ancrage dans la terre que des membres partagent ensemble.

—

Deux cercles se confondent chaque matin en un seul qui devient si lumineux que les deux cercles n'apparaissent plus.

—

Se servir de ce plateau comme d'une main pour offrir à celui qui ne peut plus prendre ce qu'il devrait pourtant recevoir. Pencher la tête en arrière et laisser couler l'énergie divine, la bouche grande ouverte. Le dos est droit et pourtant se déforme comme se déforme tout le corps quand la lumière divine traverse avec force le corps des êtres humains. Après, votre vue n'est plus la même. Votre toucher non plus. Quant à votre amour de Dieu, il est immense.

—

À l'horizon, il y a le Ciel bleu. Le Soleil si brillant inonde les champs pour les nourrir. La nuit cache ce qui doit être caché, et fait pousser en profondeur. Chaud et froid sont identiques pour celui qui a compris leur saveur. Le Ciel se touche du doigt ; il n'y a nul avion qui en soit capable. Au fond de l'eau, le sol est sec comme de la pierre, sinon comment pourrait-il nous regarder ainsi ?

—

Bien vu à celui qui a entendu la couleur divine comme un son et qui en a fait des musiques célestes. Celui-ci est un grand artiste et un formidable musicien. Il est seul dans sa maison ou parmi d'autres artistes comme lui.

Il est ici et maintenant ou hier et demain. Devant vous, il propose une musique qui touche le ciel pour ricocher dans vos âmes. Dieu l'entend et le félicite. Dieu l'accompagne comme Il vous accompagne vers cet artiste pour sentir cette même musique céleste et divine.

—

Chapitre 13

Peu suffit à inverser une tendance qui est bloquée. En écrivant une prière sur ces lèvres, on tend vers un risque mesuré, on dompte un danger imminent. De là où l'on est situé, on voit ce que la fumée indique du feu et le vent soufflant dans le sens du temps trace un trait dans le Ciel qu'il suffit de suivre. De plus en plus grand et de plus en plus petit, la réflexion grandit et s'intériorise pour enfin aboutir à une déduction qui se veut logique. Elle ne l'est qu'en apparence tant c'est l'intuition divine qui vous pousse dans le dos. Sentir ce vent vous pousser dans les ailes, c'est s'envoler vers des cieux plus cléments. L'horizon fait parfois défaut. Il vous quitte du regard, il se cherche et on l'oublie. Doit-il être toujours devant soi pour le fixer du doigt ? Suffit-il qu'une pensée le rappelle en vous et le voici apparaître par magie ? L'horizon, c'est comme le Ciel qui tombe un soir de pluie. Il ne se veut pas attirant mais c'est lui qui fixe l'objectif à suivre. Ce n'est pas toujours ainsi que la prière vous indique le chemin à suivre, mais le chemin à suivre sait parfaitement ce que provoque la prière. Devant soi, il y a soi. Derrière soi, il y a son enfance. Face à face, l'enfance et le soi présent s'ignorent ou ne se reconnaissent pas. Pourtant, tout confirme que c'est la même entité, que c'est le même être de lumière divine. Bien que la vie vous effraie, il n'y a rien de plus grand que cette cohésion divine en vous. Cette cohésion qui unit un être à travers sa vie à l'aide de plusieurs manteaux. Des manteaux qui ne sont que des couvertures, que des aspects d'un usage voulu pour vous par Dieu. Dieu sait choisir les visages que vous aurez à porter. Il sait que chacun d'entre vous doit le regarder un jour, un seul, avec ce visage divin dans la glace. Tant pis si les autres jours ce visage vous échappe du miroir, mais il doit y avoir au moins un jour où resplendit dans sa glace la bonté divine dans les traits du visage de l'être humain. Quand la lumière brille enfin dans les yeux de l'enfant, la lumière brille au même instant dans les yeux du vieillard, du mourant, pour la même et unique personne. Affranchissez-vous du temps. Comptez-le autrement si vous voulez. Le temps n'a pas de valeur mathématique et les mathématiques lui donnent un tempo, lui donnent des repères que vous devez ressentir, lui donnent une consistance pour que votre monde garde un aspect suffisamment matériel. Notez bien que la vie ne prend pas qu'un sens dans l'immatériel, dans un monde éthéré où vos visions seraient communes aux idées que vous vous faites de la divinité. Dieu a créé le monde pour que l'eau soit humide au toucher, que le son des oiseaux volants près de vous réclame l'attention de vos oreilles et pour que la pierre soit dure et lourde. Dans une vie, cet aspect de sa construction concrète prend autant d'importance que la lumière que vous imaginez dans votre esprit. Les étoiles sont des étoiles et les étoiles sont des images. La pierre est une image et la pierre est un objet concret. Dieu vous a enseigné déjà cela, ne l'oubliez pas.

—

Étudiant vous êtes, étudiant vous serez. À l'école de la lumière divine. C'est une école sublime et c'est votre école. Réjouissez-vous d'en être les adeptes. Dieu l'a fait pour vous. Devant la fenêtre de la classe, l'être humain s'élève vers le Ciel rempli d'étoiles et descend vers la Terre pour enraciner son savoir. Vous comprendrez souvent dans vos vies pourquoi le Ciel et la Terre sont aussi importants pour vous, mais retenez bien que la lumière descend et la vie monte. Beaucoup trop peu guident la Terre à eux et montent au Ciel. Pourquoi ne le faites-vous pas dans vos vies ? Un jour, il a été écrit que la pensée de l'homme venait de l'homme et que la pensée divine était immatérielle. Pourquoi ? La pensée divine ne peut-elle pas se matérialiser sinon que dans la pensée de l'homme, par exemple ? La pensée de l'homme, d'où vient-elle ? De l'homme, vraiment ? Parfois, c'est le cas, bien sûr, mais à quel degré cette pensée se situe. Dans l'horizon dont nous parlions tout à l'heure, la pensée de l'homme ne dépasse souvent pas le doigt qui ne pointe rien d'autre que lui. Par conséquent, comment comprendre que la pensée divine est ici et là, devant soi et devant la fenêtre de la classe. Regardez simplement l'arbre au fond du jardin. Tout est divin en lui et lui ne cesse de le réclamer, de le chanter, de le vibrer. Pourriez-vous faire pareil ? Ne seriez-vous pas vous aussi des arbres un peu particulier ?

—

Ouvrir un œil c'est naître à la vie. L'enfant ouvre les yeux et crie. Il ne vous reste donc plus qu'à crier aussi, pour renaître à votre vie divine. En se posant un instant, les yeux priant la divinité, vous retrouvez au fond de vous cette âme d'enfant sur les bancs de l'école divine, s'oubliant à la fenêtre à regarder la beauté du Ciel. Le Soleil, les étoiles, ne seraient pas ici votre source d'inspiration pour rappeler en vous combien vous devez courir vers Dieu de toutes vos forces ?

—

Se lever et marcher. Se lever et voler. Se lever et descendre au plus profond de soi pour sentir cette cohésion divine qui coule en vous.

—

Chapitre 14

Que puis-je faire aujourd'hui que je n'ai pas fait hier? Dieu me regarde-t-il et me juge-t-il pour cela ? Devant la sombre nuit, il y a l'éclair de lumière. Devant la sombre nuit, il y a cette image dans ma tête. Elle me dit en s'approchant qu'elle me montre son visage. Elle s'éloigne et coule pour s'évanouir brusquement. Je peux rouvrir les yeux mais cette énergie n’arrêtera pas de couler. Je peux me lever, courir, sauter, rien n’arrêtera l'énergie de couler. Je peux lever les yeux au Ciel, Dieu me le demande si souvent. Pourquoi donc ne pas le faire ? En lui tendant mes mains, Dieu les saisit et me guide vers lui. Demain, je rouvrirai les yeux en sachant que ce que je devais faire la veille a été fait.

—

Dorénavant, la vie ne se composera plus de manière aussi stricte. Elle ne posera pas des jalons aussi étroits et ses limites seront plus perméables. Le ciel restera le ciel et la mort sera toujours devant vous. Mais, quand la voix posera son écho sur votre tête, vous ouvrirez la bouche et lui répondrez les mots qui sont au plus profond de vous. Ce sera ainsi que la lumière divine vous parlera et ce sera ainsi que vous lui répondrez. Sachant cela, la communication va changer de forme. Ne pas penser que cela se fera en un claquement de doigt. Il faudra du temps, mais du temps, vous en avez puisque c'est Dieu qui vous le donne. Au plus loi que vous le voyez, Il est toujours près de vous. Au plus près où vous le sentez, Il est partout présent. Vous l'aimez pour ce qu'Il vous apporte, aimez-le pour ce qu'Il ne vous octroie pas. Vous l'aimez par la parole, aimez-le en silence. Vous l'aimez et vous agissez pour lui, posez-vous un moment et aimez-le sans rien faire. Sachez trouver la communion en Dieu dans les actions qui vous sont étrangères. Cultivez le fruit et cultivez la plante. Cultivez la Terre et cultivez le Ciel. L'eau, la Terre, le Soleil, cultivez tout cela et Dieu vous le rendra.

—

Avant de partir, ceux qui se sont trompés car ils n'ont pas su voir la lumière divine devront rendre une dernière fois ici la parole de Dieu à l'espace, au Ciel, au monde. Levez-vous donc fièrement et priez dans votre esprit la bonté divine. N'ayez peur de rien qui ne puisse vous advenir. Misez davantage sur « les prix les plus bas », des secours viendront les révoltes. L'esprit de l'être humain ne peut se contenter de subir indéfiniment, même en étant hypnotisé de la sorte. L'amour est ce qui vous lie en vous-même et aux autres. Du peu d'amour qu'il puisse vous rester, la lumière divine vient vous en remplir. Dieu sait guider l'amour en vous. Depuis votre enfance, vous débordez d'amour pour autrui. Même maintenant l'être humain en est rempli. Si la vie lui en prend trop ou ne le remplit plus correctement, une correction se fait et vous le sentez. Il doit y avoir de la place pour tout le monde. Le manque d'espace ou d'air frais est un mensonge. Guidez votre esprit vers la lumière divine car elle est porteuse de la vérité divine. Ainsi, vos vérités terrestres s'éclairent comme le Soleil trouant le nuage pour vous illuminer vous seul. Nul ne peut vous empêcher d'accéder à la vérité car elle est divine. On peut vous restreindre, vous tromper, vous diriger sur de faux chemins, vous mentir et vous mentir encore, mais la vérité divine vous est accessible toujours, partout.

—

Marcher seul sur son chemin n'est que la face visible du trajet. La face cachée représente la marche, le trajet dans sa part non visible, je ne dirais pas sa part d'ombre car vous mettez une connotation trop sévère sur ce terme. Cette face non visible avançant sur un trajet non visible fait partie totale de votre vie. Vous avez deux trajets simultanés et distincts. Ces deux trajets peuvent être si différents que vous n'y croiriez pas. Vous évoluez sur ces deux chemins simultanément et en pleine conscience de chacun d'entre eux, sans jamais percevoir concrètement le second.

—

Pour évoluer simultanément dans ces deux vies, vous avez besoin de lumière divine par deux canaux distincts. Le premier entre par le sommet du crâne, le second entre par la plante des pieds. C'est assez paradoxalement trivial pour votre esprit déductif mais c'est parfaitement concret et palpable. Si vous sentez ces deux sources entrer en vous, c'est que vous êtes temporairement à la frontière des deux vies. C'est assez rare pour l'être humain commun mais moins rare pour les êtres humains éveillés.

—

Ce sera à l'aube que la lumière vous percera la vue et vous redonnera accès à la lumière divine en tant que lumière palpable et non plus vue de de l'esprit. Pourquoi à l'aube ? Car la nuit doit faire son effet. Et son effet vous est indispensable. Le temps au sens où vous le prenez impose des périodes de croissance, des périodes d'adaptation, des périodes de changement. Comment pourriez-vous tout avoir d'un seul coup alors qu'il vous faut tant de temps pour naître ou pour marcher ?

—

Ce sera à midi de ce même jour que la vérité divine entrera en vous pour vous éclairer et vous faire comprendre que le monde n'est pas que monde, que la Terre n'est pas que Terre, que le Ciel est rempli d'une profondeur insondable jusque dans ses moindres étoiles, que ces étoiles sont vos sœurs comme le Soleil est votre père. Tout ceci n'est que chimère, n'est que douce folie, vous diriez-vous dans un premier temps jusqu'à sentir sur votre épaule les étoiles vous tourner vers elles et vous embrasser comme on embrasse un proche à qui l'on tient fort. L'eau vous touchera et vous serez aussitôt glacé d'effroi d'apprendre sa réelle texture. Le feu vous rejoindra et vous serez sidérés de sentir sa douceur et son âpreté. Partout vos sensations évolueront. Partout vos visions changeront. Partout votre compréhension évoluera.

Pour avoir deux vies en simultanée, il faut que les sens s'entrecroisent, il faut que les visions s'entremêlent. Les rêves vous en donnent un aperçu, un simple aperçu. Mais la réalité de ces deux vies est bien plus extraordinaire que le plus fabuleux et original des rêves.

—

On n'a pas beaucoup de directions à prendre quand la route fait front. Il faut savoir regarder en haut du sommet et comprendre ce chemin qui reste à parcourir. On monte doucement, lentement, on cherche à avancer prudemment. Un jour, le chemin se divise et notre pensée également. C'est dans cette division que le choix peut se faire. Sans cette double confrontation, il n'y a pas de double pensée. Alors, quand dans une vie un choix doit s'espérer, ce choix marque comme une emprunte le rythme de la seconde vie, ce ne sera pas un signe à reconnaître ou à affronter, ce ne sera pas un choix dans la seconde vie, ce sera simplement un marqueur, comme si cette borne avait été acquise également dans chacune des deux vies. Il ne servira peut-être pas dans la seconde vie mais ce marqueur, cette emprunte sera présente là et disponible. Vous avez donc dans vos vies des balises acquises dans vos vies parallèles.

—

Obtenir de son savoir la compréhension par rapport à ce que la lumière divine fournit est chose difficile. Vos modes de raisonnement sont longs et compliqués, et ne donnent pas totale satisfaction. Il est normal de s'en servir et vous les avez bien façonné. Néanmoins, la connaissance par la lumière divine est bien plus profonde, parfaite et quasi immédiate pour vous. Pour cela, il faut d'abord que chaque être fasse un travail sur lui-même. La prière est l'outil pour cela. Il faut réaliser un long travail avant de pouvoir aborder la connexion à la lumière divine sur intention propre. Car la lumière divine est toujours présente, accessible et en connexion avec vous, mais l'être humain doit faire l'effort de la réclamer pour se diriger vers la vérité divine.

—

Maintenir un niveau de concentration dans une vie peut agrandir la perception de la lumière divine dans la seconde. Ainsi la perception de la lumière divine s’accroît dans la seconde vie naturellement. Chaque chose faite dans une vie et qui va vers la bonté divine est systématiquement reliée à la seconde vie pour la même grandeur divine. Il ne faut pas croire qu'en se laissant porter le bateau arrivera à destination. Non, la vie des êtres humains est faite pour que la grandeur divine s'exprime dans l'amour que vous montrez à Dieu. Si vous n'exprimez rien, vous ne pourrez avancer suffisamment. Un retard dans une vie n'impacte pas nécessairement la seconde. Mais, en tout cas, elle ne l'aide pas avancer. En agissant à la lumière divine dans une vie, vous agissez à la lumière divine dans l'autre vie. Vous êtes faits de deux vies, vous devez en prendre soin.

—

La lumière qui brille dans l'œil de l'enfant est la même que celle qui vous illumine de son savoir de la vérité divine. Devant le front, il y a ce point si spécial qu'il permet à lui seul de vous raccorder à la lumière divine comme l'on s'accroche à un bateau. La mer de lumière vous inonde et vous sentez la fraîcheur de l'énergie divine vous caresser le visage. Ne pas se laisser aller ou se laisser transporter revient au même, l'énergie de la lumière divine est bien plus grande que votre propre potentiel énergétique, vous ne pouvez y échapper. Quand dans un moment la réalité concrète que vous vous construisez dans votre répétition vous rattrape, l'énergie devient moins sensible, elle est pourtant toujours là, vous balayant de sa force.

—

Pour devenir un aspect de la lumière divine, l'esprit de l'être humain doit intercepter la lumière qui le traverse dans son corps. Le sang et son flux, les fluides, l'air et sa circulation portent tous la lumière divine. Celle-ci circule aussi sur des trajets connus par les médecines alternatives à la médecine occidentale. Toutes ces circulations portent la lumière divine et son énergie. L'esprit doit donc intercepter ce flux divin pour pouvoir y diriger son aspect premier. Pour cela, la respiration du cœur est très bénéfique car elle dirige tous ces flux et les regroupe en un seul flux. La prière alors sert de meneur, de dirigeant et le flux lumineux se met à suivre le rythme et la force de la prière. Une fois cela maîtrisé, la lumière divine entre dans l'esprit de l'être humain et celui-ci a alors accès directement à sa grandeur divine.

—

Un jour vient où la lumière divine devient l'esprit de l'être humain. Celui-ci est alors confronté à deux choses : une vision totale de la bonté divine et une vision totale de sa seconde vie. Même si sa seconde vie ne s'en rend pas compte. En effet, la lumière divine porteuse de l'énergie divine lui rend accessibles tous ces plans divins. Il a alors un accès direct et premier à son propre plan, qui est la seconde vie. La lumière divine ne permet cela qu'à de rares êtres humains dont le travail et l'avancée sur le chemin de Dieu sont immenses. Vous le pouvez tous mais le chemin est long et le travail important.

—

Chapitre 15

Rapidement, le Ciel se dépose sur la Terre et la Terre porte tout en haut le Ciel. L'un et l'autre sont reliés et se soutiennent. L'un et l'autre vont ensemble. Mais la vie est aussi reliée à la Terre et au Ciel de la même façon. La vie de l'être humain va vers le Ciel et descend dans la Terre. La vie de l'être humain monte tout en haut dans le Ciel et descend profondément dans la Terre. La vie de l'être humain se dépasse par la vue du Ciel et se retrouve au fond de la Terre. Le Ciel et la Terre ne sont pas deux choses distinctes. Le Ciel et la Terre sont deux êtres différents. Le Ciel et la Terre sont complémentaires. Les Ciel et la Terre évoluent chacun pour soi et chacun pour l'autre. Le Ciel ne ressemble à rien de ce que vous croyez. La Terre dépasse complètement l'image que vous vous en faites.

—

Je ne peux vous décourager ni vous pousser à vous rendre compte que ce qui est vrai pour votre esprit et probablement faux pour votre intuition divine. Ainsi est le monde dans lequel vous évoluez actuellement. Celui-ci est construit dans vos pensées, répété et répété encore jusqu'à ce que vos yeux voient ce que vous imaginez. Par conséquent, le mensonge a une porte grande ouverte pour créer ce qui lui est le plus profitable. La Terre ne ressemble pas du tout à ce que vous vous imaginez. Pourtant, vous êtes certains de la voir ainsi. Vous voyez le Ciel et les étoiles d'une façon très imaginée, pourtant quand vous levez les yeux au Ciel vous croyez à ce que vous imaginez.

—

Une fois la construction mentale établie, il ne reste plus qu'à la diffuser et la diffuser encore. Les mensonges, les faux suffiront à convaincre ceux qui doutent, à asseoir ceux qui ne sont pas stables et à faire ainsi ceux qui ne pensent à rien. Sachez qu'il n'en est pas ainsi tout le temps dans ce même monde. Votre seconde vie n'est pas du tout construite de cette manière. La construction mentale est la même mais la perception n'est pas établie de la même façon. C'est comme si vos sens n'était pas « sensible » de la même façon. Par conséquent, le mensonge n'a pas suffisamment d'appui pour s'imposer. La vie n'est pas établie sur les mêmes bases. Le Ciel et la Terre n'apparaissent pas de la même façon dans vos yeux.

—

Vivre dans un monde qui n'est pas celui qu'on croit n'est pas un problème difficile à surmonter. Des adaptations sont opérées par la Terre pour vous permettre d'évoluer dans vos fausses croyances. Pour cela, le Ciel agit comme une loupe afin que vos yeux voient ce qui est dans vos esprits. Le dehors est parfois le dedans, le dedans souvent le dehors. Le chaud et le froid sont indissociables. Le petit et le grand ne sont pas relatifs, ils ne sont simplement pas dans la même dimension. Cela ressemble à une image tirée d'un livre pour enfants. Les enfants ne croient pas aux images comme les adultes. Ils croient à l'imagination qu'ils projettent dans cette image, au monde qu'ils construisent en passant par cette image comme si c'était une porte. Mais les adultes ne croient plus aux images des livres d'enfants. Ils croient aux images des livres d'adultes. C'est cette croyance qui fait que le Ciel est bleu, que les nuages vous paraissent menaçants, que le Soleil vous brûle. L'eau qui coule de vos yeux lave, lessive vos croyances, pourtant vous les faites refleurir irrémédiablement.

—

Quelle belle initiative que de croire que la lumière traverse une vie pour aller à sa seconde vie, et inversement, perpétuellement ! Une telle action permet de renforcer, de nourrir de bonté divine chacune de vos deux vies et ceci même quand l'une des deux a plus de mal à avancer sur son chemin. Vous pensez à la mort avec vos visions si terribles de cet acte, que pensez-vous désormais en sachant que l'autre vie continue néanmoins et qu'elle peut être belle et prospère dans sa quête de lumière divine.

—

En illustrant le livre de sa vie par une touche simple de bonté divine, le goût de la lumière qui descend sur vos têtes prend une saveur inédite. Dans un moment, le changement intervient car ainsi est l'alignement des planètes, ainsi est le choix divin, ainsi sont le Ciel et la Terre. Croyez-vous que vos vies ne sont pas construites pour durer ? Croyez-vous que l'être humain est sur cette Terre pour simplement jouir individuellement des fruits de cette planète ? Les autres êtres ne sont pas aussi dépendants que vous de tout ce qui les entoure. Ils sont plus autonomes, plus capables de trouver le chemin divin. Les êtres humains sont plus dépendants, mais ils sont aussi plus capables de faire fructifier cette lumière divine, de la porter partout autour d'eux et de faire exploser le Ciel de mille lumières, jaillissant de leur cœur et apportant dans la main de Dieu la bonté et l'amour qu'Il attendait.

—

Quelle belle idée que de porter à sa bouche la nouveauté qui est lumière de Dieu ! Vous avez cru pouvoir vous construire sans Dieu et c'était une tentative osée. Mais la vie sans sa lumière n'est pas possible. Vos mensonges ont permis de construire ce monde dans lequel vous vivez, mais ce monde ne peut pas perdurer car il est froid, dur, asséchant. Il crée de la misère et mille maux aussi terribles que ceux qui l'imaginent. Regardez-les combien ils sont laids d'une laideur qui devraient vous effrayer, et vous les trouvez beaux. Leurs mots sont coupants comme une lame de rasoir, et vous buvez leurs mensonges. Leurs pas sont maquillés dans la boue, et vous les suivez comme des animaux de compagnie. Ont-ils des secondes vies plus plaisantes et bonnes pour leurs prochains ? Aucun. Tous ont des chemins qui les mènent dans une impasse que seul Dieu peut les en sortir. Et il ne s'agit ici que des êtres humains. Les êtres des ténèbres ne sont même pas concernés.

—

Oublier ce qui vous fera est aussi une mauvaise option. Savoir comment l'on est pour savoir où l'on va est important. Vous parlez de vous connaître, d'apprendre à savoir qui vous êtes, mais aucune de vos théories n'a approché d'une once ce que la lumière divine peut vous faire explorer.

—

Grandir sous les Cieux divins et regarder le Soleil couchant en marchant dans la forêt. Devant l'herbe qui se couche, le vent vous montre du doigt les grands arbres au loin. Pourquoi ne pas les observer en détail ? Car en plus de leur taille, ils montrent des couleurs spéciales. Ces couleurs vous apprennent à communiquer avec eux. Ces grands arbres n'attendent que ça, ils adorent parler avec vous et jamais ou si peu vous ne le faites. Le Soleil vous indiquera où vous situez pour que la communication se fasse plus facilement. D'abord, osez aller le voir. Ensuite, parlez avec vos mots. Les herbes arrêteront de se coucher et le vent arrêtera de souffler dans toutes les directions pour ne faire bruisser que les feuilles des grands arbres. C'est comme votre corde vocale à vous. Écoutez bien leur son. Regardez le Ciel, il a changé, les nuages se mettent à dessiner des formes, des images. Ici, une tête d'animal, là un véhicule. Tout est possible. Une première forme de communication a ainsi commencé. Ce n'est pas comme cela que vous procéderez par la suite, mais c'est une première approche, un premier contact. Au loin, le souffle du vent reprend pour coucher les grandes herbes. Regardez le Ciel et le Soleil. Vous pouvez reprendre votre marche.

—

Maintenant, la vie se déroule comme un fil de laine. Il ne peut qu'y avoir des nœuds. La pelote se défait et les pieds s'y prennent dedans. Avancer devient compliqué quand les pieds s'y prennent dedans. Les nœuds sont si nombreux que résoudre cette situation au plus simple ne peut qu'aboutir à couper les fils. Combien d'entre vous resteront accrocher à ce maillage ? Qui coupera le fil qui vous immobilise ? Un fil qui se tend en nous se durcit et impose son sens, sa direction. Si vous ne voulez ou ne pouvez pas aller dans ce sens, dans cette direction, qu'allez-vous advenir ? Un matin, le Ciel est bleu, le suivant il pleut. Même la pluie, même le Ciel bleu s'y mettent. Essayer de résoudre ce qui n'est pas un problème est compliqué. Ne rien faire face à un problème insoluble est catastrophique. Un jour, les nœuds seront des pierres. Ce jour-là n'est-il pas déjà arrivé ?

—

Gravir les marches une à une. Seul. Gravir de toutes ses forces jusqu'à ne plus pouvoir avancer. Une marche est comme une vie. Lorsque le monde n'est plus accessible, il faut creuser dans la roche pour se frayer un chemin. Votre vie est une roche. Vos mains sont vos outils. Vos jambes n'avancent plus car vous les avez oubliés. Vous les avez laissé de côté pour croire que vous pouviez avancer sans. Quels yeux permettent de voir le sommet ? Quelles mains permettent de gravir la paroi ? Si la vie est une montagne abrupte, rester en bas à la regarder ne la fera pas descendre. Pourtant, la couleur du Ciel change pour vous éclairer. Le guide du Ciel sait vous montrer tous les signes nécessaires pour comprendre le chemin à suivre. La divinité veille sur tout cela. Rester au bord du précipice est un acte courageux mais vain. Attendre que le Ciel ne descende à vous est un acte sans espoir. Les nuages sont des guides, vous le savez, ce sont aussi vos frères tant vous partagez beaucoup de points avec eux.

—

Chapitre 16

Ordonnez à votre main de vous montrer ses lignes. Sont-elles droites, courbées ? Ordonnez à votre main de se tendre vers le Ciel pour recevoir la lumière divine. Ainsi, les lignes de vos mains dirigeront la pensée qui naît en vous lorsque la vie vous impose de vous recueillir au plus profond de vous-même.

—

Au large de la frontière divine, au large de la limite humaine, au large la divinité fausse qui se drape de vos mensonges. Au plus près vous regardez et au plus profond vous constaterez que votre intuition première est la lumière divine. Dans un roman, le romancier raconte son histoire. Une histoire qu'il invente ou tire de son vécu pour vous amener vers une conclusion, un final qu'il a prévu dès le début. Votre vie actuelle, votre monde actuel est un roman médiocre que des êtres ont écrit à l'avance pour vous amener là où ils souhaitent vous amener. Mais c'est faux et impossible car seule la divinité peut écrire un roman parfait et inéluctable. Vous avez le droit d'arracher les pages de ce roman terrible, d'arrêter de lire ce livre et de le jeter à la poubelle. Vous, êtres humains, c'est vous qui devez choisir le romancier.

—

Le plus bel instrument pour écrire ce roman c'est votre foi dans la bonté divine. Un foi qui sait où regarder à l'avenir, qui sait où réfléchir le passé. Une foi qui vous porte jusque dans les moments les plus beaux et vous soutient jusque dans les moments les plus durs. Regardez-vous la foi comme elle vient à vous pour vous éclairer de sa joie, pour vous illuminer de son amour ? Si la vie ne peut rien pour vous, pourquoi la vie est-elle en vous ? Si la divinité n'existe pas, pourquoi ceux qui la nient existent-ils? Qu'ont-ils fait pour mériter d'être ici à leur place, d'être ici à une place où vous n'avez pas accès, d'être ici sur un trône qui vous est interdit ? Sont-ils donc finalement la divinité eux-même ? Vous constatez que le mensonge a besoin du menteur et le menteur se nourrit de mensonge. Dès que l'un ou l'autre est là, vous pouvez ouvrir vos yeux, étendre les bras au Ciel et priez car la prière et la foi font tomber les masques des menteurs et les coupent de la nourriture dont ils ont besoin, à savoir les ténèbres.

—

Que pourriez-vous faire que vous ne sauriez pas ? Rien, car vous savez ce que vous devez faire, vous connaissez l'action à mener. C'est ceci qu'ils redoutent tant. Ils savent qu'ils sont impuissants devant vous. C'est pour cela qu'ils annihilent votre réflexion, qu'ils vous murent dans le silence, qu'ils vous maintiennent dans l'ignorance. Tant que vous serez bloqués de cette façon, ils pourront avancer, lentement.

—

Une matinée, un Soleil est présent et l'autre se cache. Une soirée, le Soleil caché se présente et le Soleil du matin s'en va. La Lune en fait presque de même, mais elle ne se cache pas, elle n'en a pas besoin. La lumière du Soleil est divine. La Lune ne reflète pas le Soleil. Elle décide ce qu'elle doit vous éclairer grâce à la lumière divine qui se diffuse sur Terre. La Terre lui renvoie cette lumière et la Lune vous éclaire comme il est alors indiqué.
Que cette façon paraisse bizarre, c'est une réalité à vos yeux. Que cette façon paraisse absurde, c'est une réalité dans votre esprit. Mais vos yeux voient-ils correctement la réalité divine ? Votre esprit en déduit-il de manière juste ce qui a été vu ? Une juste déduction est fausse tant que les yeux ont perçu une erreur.

—

Quel est donc ce bruit dans vos têtes ? Ne signifie-t-il pas que le bruit règne et que la musique céleste n'a plus sa place ? Un bruit n'est pas sonore et divin tant que la médiocrité le constitue, tant que le mal le nourrit, tant que les ténèbres le garde. Gardez-vous de ce mal, de ces ténèbres, de ce bruit. Ouvrez les bras et vos oreilles entendront. Ouvrez votre cœur et la mélodie céleste résonnera. Que pouvez-vous craindre que la mélodie céleste ne vous en ait apaisé ? Une fois, un prêtre guidait ses fidèles. Ce n'était pas le désert, ni la montagne, pourtant un bruit résonnait au fond du ciel. Rien dans l'espace environnant ne semblait en être l'auteur. Alors, le prêtre a rassemblé ses fidèles et leur a dit : « regardez le Ciel et écoutez. Regardez la Terre et écoutez. Ce bruit vient-il du Ciel, vient-il de la Terre ? Vient-il de Dieu ? Non, seule la musique céleste vient de la divinité. Vous la reconnaissez en fermant les yeux et en voyant cette lumière divine sous vos paupières. D'où vient donc ce bruit ? » L'un répondit : « ce bruit vient de moi.» « Tu as raison », répondit le prêtre. « Pourquoi le produis-tu ? », lui demanda-t-il. « Je ne sais pas pourquoi je le fais, mais je sais qu'il vient de ce qu'il y a de plus mauvais en moi. Alors, je vais me retirer et partir loin d'ici. » « Crois-tu que le bruit cessera en agissant ainsi ? Crois-tu que, simplement parce que nous ne l'entendrons plus ici, il ne sera plus présent ? » « Je ne sais pas », répondit-il. « Il sera toujours ici à résonner. Il sera là-bas à se faire entendre. Si tu aimes la lumière divine, fais-la entrer en toi. Elle éteindra le feu qui nourrit ce bruit et tu en seras débarrassé.. » Ainsi agit-il et ainsi le bruit disparu.

—

En espérant dans son esprit que la vie qui vient sera la vie qui saura, il ne peut y avoir de solution viable. Quelle est donc cette image que vous gravez sur votre peau ? Est-ce la divinité qui vous brûle l'épiderme ? En écoutant son cœur, un battement régulier se fait entendre. C'est le concours qui se joue entre l'espérance et la foi, entre les passions et l'amour. Chacun, à tour de rôle, se fait entendre, prend le dessus pour que l'autre revienne à la charge. Dans ce concert atypique, il n'y a pas que la lumière divine qui ponctue cette instrumentation, il y a la divinité qui souffle et souffle encore pour que ce cœur respire sa bonté. Devant le cœur, il y a votre main, elle s'imprègne de cette bonté divine autant qu'elle transmet la lumière de Dieu qu'elle capte et diffuse dans sa paume. Si le Ciel vous regarde et la Terre vous porte, ce n'est en rien un hasard. Vous êtes observés par les astres et contrôlés par la Terre et ses profondeurs.

—

Restituons ce qui appartient à Dieu, Dieu saura vous en donner d'une autre façon. Restituons ce qui n'appartient plus à soi, Dieu saura vous en donner d'une autre façon. Cette façon est une façon si particulière que l'être humain ne s'en rend même pas compte. Fermez les yeux. Sentez-vous le sommet de votre crâne s'ouvrir comme s'ouvre la coquille de l'œuf pour l'oiseau qui naît ? Ainsi la lumière divine entre en vous sur la volonté divine de vous rendre ou de vous donner de cette si curieuse manière.

—

Ne pas être là et être ici. Ne pas être ici et être là. Est-ce un don d'ubiquité que de vouloir vivre dans ce monde concret et palpable et de vivre aussi dans un monde plus spirituel et intuitif ? Dieu a-t-il créé deux aspects d'un même monde ? Dieu a créé en plusieurs exemplaires les mêmes modèles mais Dieu ne trompe pas ses êtres en les confrontant à une fausse réalité. Les créations divines ont toutes un sens pour les créatures divines. Se regarder dans la glace permet de voir le visage que l'on décide de porter. Se regarder dans la glace permet surtout de confronter ses yeux et son esprit au monde auquel on croit. Ce monde est le même tant que la croyance perdure. Un changement de croyance et le miroir vous dépeint comme un être différent. Le miroir a-t-il changé ? L'être est-il le même ? Devant sa glace, l'être humain se torture ou se contemple. Il croit être un être merveilleux ou horrible. Ce n'est pas à cette croyance qu'il faut s'accrocher. Ce n'est pas au miroir qu'il faut demander la vérité. Le miroir a-t-il un pouvoir sur vous et sur votre objectif ? À la lueur de la bougie s'écrivent les lignes les plus obscures ou les plus éclairantes. Le miroir ne vous changera que lorsqu'il aura décidé d'être un être lumineux et divin. C'est peine perdue. En se regardant dans la glace, on voit l'avenir tant que cet avenir est constructible. C'est aussi une chimère, un mensonge, une fable que de se voir dans une glace en la prenant pour une image divine.

—

Plus loin se situe l'objectif, plus près se situe le résultat. Que vaudriez-vous demain devant ce qui vous pose tant de problème ?

—

Un jour est une semaine. Une semaine est une année. Si l'éternité semble être ce long fil qui se déroule devant vous, le résultat de votre action ne peut pas se contenter d'une action simple et rapide. Un résultat est différent et lointain. Un résultat est simple et tout près. Si la lumière de Dieu porte chaque potentiel, il porte aussi chaque espérance dans l'objectif. Vous pensez échouer, cet échec est un potentiel. Mais seule la lumière divine vous montre si, oui ou non, cet objectif sera vraiment un échec. Quand la vie est remplie de frustration, de blocage, il faut lever les yeux au Ciel et voir que ces frustrations, ces blocages n'y apparaissent pas. Alors, où sont-ils si la vie vous montre des choses qui n'existe pas ? Est-ce si surprenant de croire que l'objectif n'a de réalité que s'il est divin ? Est-ce si étrange de penser que le blocage n'est pas de nature divine ?

—

Le regard que pose l'être humain sur le Ciel qui l'entoure ne résiste pas à l'amour que ce Ciel lui renvoie. La Terre guide vos pas et sait se sentir proche de vous. Elle aime l'être humain car celui-ci va vers la lumière divine dans son essence. Ce que vous faites et que vous jugez mal, le Ciel et la Terre en sont pleinement conscients. Ils savent que peu d'entre vous suffit pour être à l'opposé de ce que la divinité espère vous voir faire. Mais le Ciel et la Terre savent que les êtres humains remplis de bonté divine savent regarder la Terre et le Ciel avec les yeux remplis de clarté divine.

—

Chapitre 17

Espérez que la vie vous éclaire. Recherchez la lumière dans chaque objet. Chaque image doit être un phare. Chaque rencontre, une flamme nouvelle. Devant la vie qui s'éclaire de la sorte, le chemin devient lumineux. Avez-vous peur de l'obscurité ? Ce ne sera plus possible car vos yeux sont des phares. La lumière divine n'est pas qu'une nourriture de l'esprit, ce n'est pas qu'une solution à adopter, ce n'est pas qu'une communication divine, c'est votre sang, votre air. C'est votre être, votre caractère. C'est votre âme, votre guide. Dieu est la lumière de votre vie. Amen.

—

Sur les hauteurs du Ciel on voit chaque vie, chaque chemin. Vous devriez vous y rendre car vous y comprendriez bien des aspects de vos vies. Ce n'est pas par l'explication que vient la compréhension mais par la lumière divine que vous ressentez en vous. Avez-vous des yeux ? Avez-vous des pieds ? Pouvez-vous voir ? Pouvez-vous marcher ? En marchant, vous verrez et en voyant vous avancerez.

—

Sur une ligne on peut écrire tant de mots. Sur chaque mot on peut transmettre tant de sens. Sur chaque sens on peut interpréter tant de directions. Sur une direction on trouve un chemin. Sur ce chemin on trouve une vie. Votre vie est-elle une ligne ?

—

Voilà la couleur qui se présente à vos yeux. Elle frappe votre rétine et frappe votre attention. Si elle est pure et douce, si elle est impropre et malsaine, si cette couleur se débat dans les méandres de votre pensée, la couleur est tout de même un acte de divinité. Alors, que se passe-t-il si elle ne correspond pas à ce chemin qui vous guide et que vous suivez ? La lumière divine impose à la couleur qu'elle soit en adéquation avec votre vie. Si elle ne l'est pas, la lumière divine la dévie. Pourquoi est-elle dès lors devant vous ? Parce que vous avez choisi le mauvais chemin, celui qui ne vous mène plus à la divinité. Reprendre son chemin, c'est retrouver la couleur de sa vie. Quand on la retrouve, la vie semble facilitée. Quand on s'en éloigne, la couleur semble irritante, désagréable, déséquilibrante. Devant vous, le Ciel est semblable à ce qu'il est toujours, pourquoi le voyez-vous menaçant, pourquoi le cherchez-vous paisible ?

Au fond de la Terre, toutes les couleurs existent et vous attendent. Chaque être humain a sa propre couleur, c'est pour cela que les couleurs sont infinies.

—

Que la vie s'éclaire divinement quand sa couleur le guide. Un jour, la couleur sera associée à chaque être humain, comme son nom, son prénom, son étoile. Au fond de l'espace, toutes les couleurs sont arrivées après que chaque humain est réussi son chemin vers la divinité et l'ait rejoint. Au fond de la Terre, ces mêmes couleurs vous attendent, chacun d'entre vous ; à arriver, à être créé. La divinité vous donne ces couleurs comme Il vous donne son amour.

—

Grande est la lumière qui pénètre dans les yeux des éveillés. Elle leur permet de monter au Ciel et de s'ancrer dans la Terre. La lumière qui sort de leur esprit les guide sur le chemin divin. La divinité les attend à bras ouverts pour leur offrir son cœur plein de bonté et d'amour. Ouvrez, vous aussi, les bras à la lumière divine. Acceptez-la comme si vous receviez votre enfant sortant de votre ventre, comme si vous receviez votre enfant des mains de sa mère, comme si vous receviez un baiser tendre et protecteur de la Vierge Marie. Demain sera sombre ou lumineux, choisissez. Après la pluie peut venir la pluie ou le beau temps, mais une pluie fine et irrigante fait pousser les plantes. Réfléchissez à ceux que vous voulez conduire sur votre chemin avec vous. Les cahots de la route peuvent endormir certains et ils pourraient ne jamais se réveiller. Vous-mêmes, si vous vous réveillez, que verrez-vous à côté de vous ? Un être sans âme, un être au physique figé, un être éveillé ? Le savez-vous vraiment ? La divinité vous laisse le choix de l'amour. Il vous propose cet amour sans contreparties. C'est à vous de vous imposer des contreparties. Celle d'aimer la divinité sans rien attendre de Dieu lui-même. Celle d'aider les autres sans rien attendre d'eux. Celle de recevoir la lumière divine sans rien attendre que de la recevoir pour ce qu'elle est : divine.

—

Avec l'aide de Dieu, tout peut se réaliser. Avec l'aide de sa bonne étoile, le chemin est plus facile. Avec l'aide des autres êtres humains, les difficultés peuvent être surmontées.
Avec l'aide de sa propre foi, c'est le chemin de Dieu qui s'illumine devant soi. L'être humain est une créature de lumière divine, il peut par conséquent se frayer un chemin parmi les terrains les plus terribles sur sa seule foi dans la divinité.

—

Recevez si vous voulez recevoir. Écoutez si vous voulez entendre. Comprenez si vous voulez comprendre. Prier et prier encore. Choisissez le chemin que vous voulez prendre. Au loin, du bruit vous rappelle des souvenirs. Ces souvenirs sont devant vous maintenant. Les souvenirs sont comme les fleurs du jardin. Ils sont beaux et colorés, piquants et tortueux, mais quels que soient leurs couleurs et leurs aspects, ils sont là pour que vos yeux les regardent. Si vous oubliez de les regarder, si vous négligez de les contempler, croyez-vous qu'ils arrêtent d'exister ? Peut-être qu'ils ne poussent plus et vont grandir dans le jardin d'à côté. Ouvrez vos yeux et observez vos souvenirs, choisissez de cueillir les meilleurs pour les replanter sur le chemin divin qui vous guide vers la divinité.

—

Se regarder dans sa main et voir son esprit, sa vie, son œuvre. Se regarder dans la glace et voir une image de soi. Dans ses pieds, il y a l'énergie de la Terre. Dans ses mains, l'énergie du Ciel. La Terre et le Ciel sont comme la divinité. Ils sont la divinité. Si vos pieds et vos mains sont si grands, c'est parce qu'ils renferment toutes l'énergie de la Terre et du Ciel. Reprenez votre marche, saisissez à nouveau vos outils ; vos pieds et vos mains en sont garants de la bonne réalisation, de la bonne avancée.

—

Sur ce petit détail réside la plus grande des exceptions. Sur ce petit détail s'ouvre la plus grande des portes. Un détail, dites-vous ? Oui, un détail. Un détail à l'échelle de vos perceptions actuelles. Que signifie pour vous la lumière de Dieu sinon une expression quelconque, un détail parmi les mots qui peuplent votre langage ? Ce détail que vous avez oublié, que vous négligez est celui qui va faire toute la différence pour votre éveil individuel et général, collectif. Dans un souffle de vie, il y a l'air du monde et l'inspiration divine. Au plus profond de vos poumons circule l'envie de rejoindre les courants divins qui avancent vers la divinité. Dehors, l'air est frais ou chaud, à l'intérieur il est divin. Quand la main porte sa paume devant les yeux, elle y voit la lumière divine, elle ressent sa chaleur froide, sa froideur chaude, elle ressent cette énergie indicible qu'il faut nommer, faute de mieux. Ce détail est devant vous aujourd'hui. Vous savez qu'il existe. Demain ne sera pas hier. Au retour de vos expériences ce sera la fin de vos soucis. Que la vie veuille suivre ce détail est de votre décision. Tout est fait pour que vous puissiez poursuivre le chemin. L'éveil dont vous parlez n'a de sens que s'il est complet et exclusivement porté vers la bonté divine et l'amour. La lumière divine est une vraie lumière, pas une simple vue de l'esprit, de vos esprits.

—

De la journée où la divinité vous a créé à la journée où la vie vous a mis au monde, il n'y a pas de temps au sens où vous le prenez. Le temps, au sens où vous l'entendez, est immédiat, instantanée quand il s'agit d'œuvre divine. Quand il s'agit d'œuvres humaines allant vers la divinité, le temps s'écoule si vite que vous ne le voyez pas passer. Ne confondez pas avec vos occupations matérielles qui vous occupent tant que le soir arrive dès après le matin. Tout ce qui concerne les ténèbres est lent, très lent. C'est pour cette raison que les êtres des ténèbres calculent tout sur un temps très long pour arriver à leurs fins. Ils savent que rien ne peut arriver en leur faveur rapidement.

—

Au plus haut du Ciel et au plus profond de la Terre est la constitution physique de l'être humain. Son esprit, son corps, ses entrailles, ses courants énergétiques, tout le rapproche du Ciel, tout le conforte dans la Terre. Dieu a voulu par votre création un être porteur d'amour et recherchant sa bonté. Il l'a créé ainsi. Si la bonté divine et l'amour vous paraissent totalement absents de vos vies, des civilisations que vous avez engendrées, c'est que vous avez échoué en vous comportant suivant les volontés des êtres des ténèbres et que vous connaissez si mal votre propre histoire, où l'amour que vous développiez était divin. En se regardant l'un face à l'autre, la lumière divine traverse vos esprits et l'un et l'autre retrouve dans leurs yeux le chemin qui est le leur. Ainsi fonctionne la voyance du cœur. Celle qui fait que vous ressentez ce que l'autre ressent. En touchant du bout du doigt l'amour que l'enfant donne à sa mère, vous touchez aussi l'amour que la Vierge Marie vous donne, vous qui êtes son enfant.

—

Vivre pour ne pas survivre, ce n'est pas dans votre Ciel que c'est inscrit. C'est inscrit dans votre main. Vivre pour ne pas mourir, c'est écrit dans votre main. Tout ce que vous saisissez viendra jusqu'à vos yeux. Tout ce que vos yeux verront remplira votre cœur. Tout ce que votre cœur sentira perforera vos entrailles. Tout ce que vos entrailles laisseront passer reviendra dans vos mains. Dans la lumière de Dieu, il y a comme des fils de couleurs. Chaque couleur a un sens pour vous et chaque couleur a un sens pour l'être humain dans sa personnalité. Croit-il pouvoir se détacher de ses couleurs lumineuses ? Non. Personne ne croit cela au fond de lui car chaque être humain ressent le fait d'être lié à la divinité par ces fils comme un enfant est lié à sa mère. Comme l'amour de l'être humain est un potentiel impossible à chiffrer, impossible à écrire par des mots, les couleurs de la lumière divine vous rappelle tout ce que vous pouvez amener et tout ce que vous pouvez rendre.

—

Tout se dissout dans le tout. Un Ciel dans chaque esprit se forme pour créer une Terre dans chaque organe. La Terre est divine comme l'est votre foi, votre estomac. Votre foi, votre estomac sont remplis d'un Ciel qui peuple d'étoiles la moindre de vos cellules. La correspondance n'est pas que dans l'image, elle l'est dans les faits. C'est ce que vous observez mais vous l'appelez autrement. Peut-être avez-vous une mauvaise compréhension du Ciel que vous contemplez ?

—

Ordonnez à votre esprit de suivre votre corps. Ordonnez à votre corps d'inspirer votre esprit. Esprit et corps sont multiples, différents, unis et séparés par une frontière qui peut s'agrandir ou se rétrécir suivant les chemins choisis pour avancer vers Dieu. Voyez-vous ces corps avançant sans âme ? Voyez-vous ces esprits dont le corps est décharné ? La vie ne se restreint pas dans l'objet que vous lui donnez, il faut aussi que la vie se remplisse d'un corps et d'un esprit qui, à l'unisson, aillent ensemble vers la lumière de Dieu.

—

Chapitre 18

Beaucoup d'êtres humains ne voient plus les autres êtres humains comme des êtres humains. Vous établissez des hiérarchies. Vous construisez des schémas mentaux pour définir vos congénères comme l'on classe des fruits dans des paniers. Pour vous, les êtres humains ne sont plus égaux, ne sont plus l'œuvre de Dieu. Ce sont des créatures médiocres ou très supérieures, mais ce ne sont plus des êtres comme vous. La divinité demande à chaque être humain qu'il se perde dans les yeux des autres êtres humains afin qu'il ne puisse constituer de différences qui l'amènerait à se croire supérieur ou inférieur.

—

Merci de croire que l'être humain est bon et qu'il est une source de lumière divine comme Dieu peut l'être. Cela vous paraît impensable au regard du mal, de la terreur, de l'horreur dont vous semblez être capable. Mais, ne pourriez-vous envisager cette bonté comme votre destination future, comme votre avenir merveilleux ?

—

La volonté divine est une règle, une lumière, un précepte ; et quoi d'autre encore ? La lumière divine est la divinité et la divinité engendre la lumière divine. La bonté de Dieu est la lumière divine et la lumière divine est porteuse de bonté divine. Dans la volonté divine, il y a l'être humain. Car, l'être humain a le rôle de porter la bonté divine sur Terre et de la présenter au Ciel. Les Cieux divins attendent de voir les êtres humains leur présenter la lumière divine et la Terre regarde combien les êtres humains engendrent de lumière divine vers elle. Dans la Terre, dans les Cieux, il y a l'être humain dans ce qu'il est lumière de Dieu. Vous pouvez le voir si vous observez bien, vous reconnaîtrez alors votre propre visage.

—

Encore un effort peut permettre à l'humanité de s'effondrer ou de renaître à la lumière de Dieu. S'effondrer est possible tant vous vous détruisez les uns les autres, avec le sourire, en pensant agir avec raison, alors que cette raison n'est pas celle des êtres humains mais celles des êtres des ténèbres. Encore un effort et vous serez si peu qu'il vous faudra repartir de zéro. Mais encore un effort et vos efforts se couronneront de lumière divine, et Dieu en personne viendra vous couronner. La vie sera un chemin de lumière et tout ce qui vous entoure aura le parfum de l'amour divin.

Dans la couleur du Ciel, vous reconnaîtrez ce qui vous a fait naître et la Terre convulsera cinq fois pour vous faire renaître à la bonté de Dieu.

—

Maintenant est un temps passé. Vous projeter dans l'avenir vous fera tomber en arrière. Derrière vous, il y a des futurs impossibles. Devant vous est un miroir sans fond. Ce qui vient à vos yeux n'est pas fait pour vos yeux. Vos oreilles entendent et vos mains touchent, mais qu'entendent-elles vraiment et que touchent-elles vraiment ? Avancer sur votre chemin est sûr et éclairant tant que ce chemin est celui qui mène à la divinité. Au-dessus de vos têtes, il y a des points lumineux qui, même en plein jour, se distinguent en frappant votre crâne pour vous relier à eux. Écoutez-les, ils ont tant à vous dire.

—

Partir loin de ses problèmes amène de nouvelles perspectives. La vision que pose un souci trouble les yeux pour ne retenir que de la brume. Devant un temps aussi délicat, il faut faire du temps son allié. La brume des soucis est comme une mer houleuse, avec soudainement de grosses vagues. Quel bateau êtes-vous ? Devant un souci, voir de plus loin, de plus haut, avec du recul est une solution importante. Quelle autre solution auriez-vous ? Face aux problèmes, la prière ouvre l'accès à la lumière divine. Celle-ci est porteuse de la lumière nécessaire pour vous permettre de comprendre le problème et d'en trouver une solution parfaite pour vous et pour le contexte.

—

Ce ne peut pas venir de vous si vous ne le voulez pas. Ça ne viendra pas du fils si vous ne l'appelez pas. Ce ne sera pas divin puisque vous n'y croyez pas. Ce ne sera pas par défaut puisque vous n'en avez pas. Ce sera ainsi puisque vous ne combattez pas. Ce sera plutôt cela car vous n'espérez plus que ça. Si demain vient avec, alors il faudra le prendre. Si demain en est absent, il vous faudra le trouver. Un jour, une heure, un lieu et pourtant rien ne se passe. Un lieu, une heure, un jour pour enfin y croire. Une lumière rouge pulse dans vos yeux fermés d'espoir, cette lumière c'est votre sang qui circule dans votre être. Votre sang continue d'espérer.

—

Jamais la vie ne sera si vous ne la vivez pas. Toutes ces lignes à écrire, tous ces mots à prononcer. Vos lettres d'amour, où sont-elles ? Est-ce ainsi que la beauté doit se manifester ? Pourquoi autant de laideur ? Pourquoi autant de faux ? Le costume est à porter, le costume est à mettre. Quel costume avez-vous choisi ? L'avez-vous d'ailleurs vraiment choisi. En haut de l'immeuble, il y a toutes les raisons de sauter. Ne pas le faire est un acte de courage. Ne pas monter est un acte de lâcheté. Sauter est aussi un bond dans l'avenir pour laisser ce passé se détruire tout seul. Dans ces boîtes animées, il n'y a rien de drôle hormis la laideur des mots qu'ils vous envoient. Ne recevez rien qui ne vous soit destiné. Seul Dieu vous envoie des messages. Seul l'amour est porteur de nouvelles.

—

Équilibre de la nature, le fil de lumière se tresse autour de la bonté de Dieu pour créer un faisceau de lumière. Quand celui-ci se tend, il devient une route où glissent les êtres éclairés par le divin. Comment croyez-vous qu'un oiseau se déplace ? Quand le faisceau se détache, un courant d'air se crée et vient souffler sur vos têtes. Quand vous le sentez, vous êtes inspirés, vous êtes marqués par un instant de voyance sur le sujet qui vous concernait. Devant vous se tresse ce faisceau. Derrière, se tresse ce faisceau. En le prenant, chaque côté dans chaque main, vous devenez un maillon lumineux. Vos yeux s'éclairent et vos pas semblent légers.

—

Même si l'éclair traverse le Ciel, l'éclair est en vous. Même si la pluie tombe sur Terre, la pluie coule en vous. Les pieds des êtres humains sont comme des hameçons. Ils capturent la Terre en l'attirant à eux. Celle-ci se fait prendre au piège et donne toute sa connaissance. Elle livre son histoire, elle transmet ses racines. En observant des pieds, on connaît l'histoire d'une lignée, l'histoire d'une famille.

—

Rester à construire une forteresse imprenable dont le couronnement sera une victoire. Le sang coule dans les veines et coule sur les champs de bataille, où doit-il couler aussi ? Est-ce à vous de décider où doit couler votre sang ? Avec les yeux et les mains, l'être humain peut devenir divin comme si Dieu le guidait. Mais il n'est pas la divinité. Le plus grand amour est celui qui vous porte à regarder la Vierge Marie avec les yeux d'un enfant vers sa mère. Quand cet amour n'est plus là, il ne peut y avoir un amour le remplaçant. Plus la grandeur de la Vierge Marie est dans vos cœurs, plus la divinité entre dans votre corps et votre esprit, et fait pousser les graines de bonté que vos actions font fleurir durant tout le trajet de votre vie.

—

Avant de commencer l'écriture du livre de votre vie, la divinité donne en vous tout ce que la fleur attend, tout ce que la beauté exprime, tout ce sur quoi la sensibilité s'appuie, tout ce que l'être contemple, tout ce que les couleurs expliquent, tout ce que la lumière divine transporte, tout ce que la prière magnifie, tout ce que les gouttes de pluie renferment, tout ce que la divinité est.

—

Se rapprocher l'un de l'autre pour que la vie vous transmette ce qui doit se faire en vous et en l'autre. Jamais vous ne verrez ce qui n'est pas visible pour vos yeux. Jamais vous n'entendrez ce qui n'est pas audible pour vos oreilles. Jamais vous ne sentirez ce qui n'est pas palpable pour vos mains. Dieu en a voulu ainsi. C'est aussi une protection, c'est aussi pour votre chemin. Si vous ne pouviez pas ne pas sentir, toucher, voir, entendre ce qui n'est pas pour vous, ce qui ne vous est pas destiné, vous vous retrouveriez dans un monde où l'espérance de vie serait celle que vous côtoyez actuellement. Un monde où vous n'auriez plus votre place. Vous le sentez bien. À la Vierge Marie, vous devez dédier vos prières chaque jour, car elle sait comment vous amener à retrouver ce monde où toucher du doigt la lumière de Dieu est votre quotidien.

—

Entendez l'appel qui vous est destiné. Votre prénom résonne comme si la vie vous parlait dans vos têtes. Vous croyez-vous fous ? Peut-être. Mais quelle belle folie que d'entendre la divinité vous appeler ! Seriez-vous le même si l'être humain n'était pas une créature divine ? La Vierge Marie pleure souvent pour vos actions, pour vos paroles. Elle lave vos malheurs et vos actions. Sachez faire revenir le beau temps autour de vous pour faire naître chez elle le sourire divin. Faire sourire la Vierge Marie est l'acte le plus grand que vous puissiez arriver à faire. La divinité saura vous en remercier de la façon la plus merveilleuse qui existe.

—

www.ingramcontent.com/pod-product-compliance
Ingram Content Group UK Ltd.
Pitfield, Milton Keynes, MK11 3LW, UK
UKHW021913190726
13853UKWH00002B/650